Marcel Müller-Wieland
Ermutigung zur Menschenbildung

MARCEL MÜLLER-WIELAND

Ermutigung
zur
Menschenbildung

Ausgewählte Texte

BoD

Bibliographische Information der Deutschen Nationalbibliothek

Die Deutsche Nationalbibliothek verzeichnet diese Publikation in der deutschen Nationalbibliographie; detaillierte bibliographische Daten sind im Internet über http://dnb.d-nb.de abrufbar.

@ Marcel Müller-Wieland, Kirchstrasse 2, D-26721 Emden
Herstellung und Verlag: Books on Demand GmbH, Norderstedt
Layout: Jürgen Müller-Popken
          jurgen@mueller-popken.com
Alle Rechte vorbehalten
ISBN   9783844804126

Inhalt

Hinweis zur Lesehilfe

In jedem Kapitel sind die für einzelne Textabschnitte verwendeten Bücher vorgängig zitiert und nummeriert.

Römische Ziffern im Text verweisen auf das entsprechende Buch.

Arabische Ziffern im Text geben die jeweilige Seite in entsprechendem Buch an.

Vorwort

Warum noch einmal Texte aus meinen Büchern?

Weil zerstreut da liegt, was zusammengehört. Ich habe im Laufe meines Lebens und im Schatten meines praktischen Bildungsauftrags immer wieder geschrieben. Aber nicht systematisch. Sondern wie die Not es berief. So entstand ein bunter Teppich von Einzelbildern. Und doch lagen die Quellen solcher Darstellung in einer Schauweise, die nur aus dem ganzen Zusammenhang heraus Wirkung tut.

Ich biete nun kurze Texte aus meinen Büchern. Ich habe sie weitgehend in der ursprünglichen Form belassen, weil ich auch heute dazu stehe. Gelegentliche Zusätze sollen das Verständnis erleichtern. Die zahlreichen Querverbindungen, die Zitate, Einbettungen und Abgrenzungen des damals Gesagten fallen nun weg. Das erleichtert den Blick auf das wesentlich Gemeinte. Wer die Verweise braucht, muss die Bücher einsehen. Einzelne Texte sind neu geschrieben. Alle Kapitel sind so gehalten, dass sie auch einzeln gelesen werden können. Darin ist zugleich eine gelegentliche Überschneidung einzelner Themen mitbedingt.

Was sollte das Ganze des Auftrags?

1. Es sollte zeigen, dass die großartige Entfaltung der Wissenschaften und der Technik, der Aufschwung der Wirtschaft, der Politik und der Zivilisationen der Industrieländer ohne eine neue Anstrengung zu vertiefter Menschenbildung den Menschen gefährden. Das rasche Wachstum der Bevölkerung in vielen Teilen der Erde und der rücksichtslose Wettlauf der Durchsetzungsbedürfnisse werden den Menschen bedrängen. Die Schere von Arm und Reich tut sich weiter auf. Die Unterlegenen proben den Aufstand. Die Natur zeigt Grenzen ihrer Belastbarkeit. Nur eine vertiefte Liebeshaltung bringt sinnvolle Möglichkeiten gemeinsamen Lebens.

2. Die großen Religionen der Welt adeln den Menschen, soweit sie die Liebe lehren. Ihre dogmatischen Anschauungen zerreißen die Menschheit.

3. Die öffentliche Pädagogik der meisten Staaten steht weitgehend im Schlepptau zivilisatorischer Durchsetzung. Sie ist Dienstmagd egozentrischer Wirtschaft. Sie bedarf einer grundsätzlichen Wandlung. Ihr wichtigster Auftrag ist heute, in allen Bereichen,

in Familien und Schulen aller Stufen und im ganzen der Arbeitsgesellschaft die geistige Liebeskraft des einzelnen Menschen zur Entfaltung zu bringen und sie im Zentrum aller Bildungsbemühungen zu verankern. Sie hat dem heranwachsenden Menschen neue persönliche Wege selbständiger und freudiger Entwicklungsmöglichkeiten zu sichern. Ihr Auftrag ist zugleich, den Gemeinschaften der Menschen im Ganzen zu neuer geistiger Liebeskraft zu verhelfen. Sie kann nicht durch Gesetz und Verordnung verschrieben werden. Nur die freie Tat entschiedener Pioniere verhilft ihr zu neuer Wirkung.

Emden 2011   Marcel Müller-Wieland

Ausbildung

Individualisierung

Texte aus (I)"Wandlung der Schule. Individualisierung und Gemein-schaftsbildung", Novalis, Schaffhausen 1976, ferner aus (II)"Gewalt und seelische Verschüttung. Erzieherische Grundlagen der Friedensfä-higkeit", Olms, Hildesheim, Zürich, New York 1995 und (III)"Ethik heute. Wege sittlicher Bildung", Olms, Hildesheim, Zürich, New York 2001

Individualisierende Pädagogik meint eine Wandlung der Schule zum Wesentlichen persönlicher Bildung. Das ein-zelne Kind, der einzelne Mensch ist in der wesentlichen Möglichkeit seiner Gemeinschaftskraft und Geistigkeit in den Mittelpunkt und Zielraum aller Bildungsbemühungen zu stellen.

Individualisierende Pädagogik geht nicht vom Durchset-zungsinteresse des Schülers oder seiner Eltern aus, sie zielt nicht hin auf eine Schule, die eine den Standeserwartungen der Eltern entsprechende Erfolgs-Chance dieses Einen im Selektionsprozess der weiterführenden Schulen ermöglichen soll. Sie dient nicht einer individualistischen Bildung. Nicht einer Sonderschule für schwache oder hochbegabte Schüler. Nicht die Begabtenförderung ist gemeint. Vielmehr sind die individuellen Begabungen jedes einzelnen Kindes nach dessen eigenen Möglichkeiten zu entfalten. Nicht die Chancengleichheit der Lernenden soll egalisiert werden. Eine solche Gleichsetzung vernichtet alle echte Bildungsbemühung. Die Chancen jedes einzelnen sind zu entdecken und individuell zu fördern. (I, 70)

Individualisierende Pädagogik wächst heraus aus gemeinschaftlichem Tun – führt zur stillen, ganz persönlichen Übung und Reifung des einzelnen und mündet aus in neues Gemeinschaftsleben und Helferwillen. Sie führt hin zur Innerlichkeit, zur Pflege des geistig Intimen und Personellen in der Entfaltung und Verantwortung des einzelnen. Solche Pädagogik muss Mut fassen, den einzelnen als diese eine Seele zu sehen, die aus ihrem individuellen Wesen und ihrem psychischen Feld heraus ihren Weg menschlicher Entfaltung entwirft und im Rahmen der sich weitenden Gemeinschaft und Welterfahrung aktiv und in steter Begegnung verwirklicht. Individualisierender Unterricht setzt eine umfassende Wandlung der heute üblichen Schule voraus. Es geht um den einzelnen Schüler. Aber ihn zu entfalten fordert vor allem die Entfaltung seiner Geistigkeit und Gemeinschaftskraft – und darin liegt der Zusammenhang sozialisierender und individualisierender Pädagogik. (I,72)

Eine individualisierende Schule kann nur eingerichtet werden, wo Elternschaft, Lehrerschaft und Behörden sich entschließen, dem zentralen Anliegen wesentlicher Pädagogik im ganzen Umfang Raum zu geben. In drei Bereichen muss die Bemühung um Individualisierung der Schule einsetzen: 1. Im Umkreis des Verständnisses, der Erfassung und Förderung jedes einzelnen Schülers und seines besonderen psychischen Feldes. 2. Im Bereich der methodischen Wandlung zur Ermöglichung einer selbsttätigen, aus echten Motiven lernenden Schülerschaft und 3. in der strukturellen Wandlung der Schule zu einer Bildungsstätte, die auf alle Selektion, auf quantifizierende Leistungserfassungen, Durchschnittsbewertungen und auf jeden Schülervergleich verzichtet. Nur eine solche Schule vermag einer individuellen Unterrichtsführung, der persönlichen Erziehung und Entfaltung jedes einzelnen Schülers Raum zu geben. (I,73)

1. *Individualisierendes Verstehen und Fördern des einzelnen Schülers.*

In keiner Weise darf die Bemühung um Verständnis des einzelnen Schülers aus rein psychologischen oder Forschungszwecken erfolgen. Der heranwachsende junge Mensch kann aus sittlicher Sicht ohne seine einvernehmliche Genehmigung und allenfalls jener seiner Eltern nicht als Forschungs- und Versuchsperson gebraucht werden. Hingegen setzt persönliche pädagogische Hilfe im Rahmen eines individualisierenden Unterrichts stets die verstehende Auseinandersetzung mit dessen persönlichem Stimmungsgrund voraus. Hier gilt es in jedem Fall, ein tiefes Vertrauen des jungen Menschen zum Erzieher zu gewinnen, um seine Bekundungsbereitschaft- und Bekundungsfähigkeit, ja, seinen Willen zur Zusammenarbeit zu öffnen. Ohne dass der junge Mensch die Bemühung des Erziehers um Verständnis zutiefst bejaht, sind die Wege zur Einsicht in seinen Stimmungsgrund nicht zumutbar und auch nicht wirksam. Individualisierendes Verstehen bedarf einer großen pädagogischen Nähe zwischen Lehrer und Schüler. Es versteht sich, dass der Erzieher davor gefeit sein muss, den geistigen Bezug zum Schüler in intimer Weise zu überschreiten. Ein Erzieher, der sich dem Schüler aus erotischen oder sexuellen Bedürfnissen nahe fühlt, gehört nicht in die Schule. (III,309)

Das vertiefte Verständnis für den heranwachsenden Menschen und seine sittliche Entfaltungskraft muss in der Schule aus der selbstgewollten und selbstverantworteten Lernarbeit frei herauswachsen. Das einzelne Kind, der junge Mensch, sind so zu führen und anzuleiten, dass ihr Lernwille selbst zum Bedürfnis der Selbstbekundung und inneren Offenheit drängt. In meiner Erfahrung im individualisierenden Lerngeschehen gab es keine Kinder, die sich der Bemühung um Verständnis des Erziehers entziehen wollten, sofern sie seinem reinen Helferwillen vertrauten. Aber solches Vertrauen braucht oft lange Zeit, um sich aus familiär oder auch schulisch vorgegebenen Verschüttungen, Ängsten und Kompensationsbedürfnissen herauszuschälen. Individualisierende Bildungsbemühung ist Sache des Vertrauens und der Befreundung. Das Verständnis für den Stimmungsgrund und das besondere Begabungsprofil und die Einsicht in die persönliche Lernmotivation des jungen Menschen ergeben sich aus der vielseitigen, unmittelbaren Beobachtung seines bewussten und unbewussten seelischen Ausdrucks

16

und aus dem konkreten, vertiefenden Gespräch an seiner Lerntätigkeit entlang. Die Erfahrung des Familienkreises und das vertiefte Gespräch mit den Eltern ist stets von größter Bedeutung. Oft bedarf die innere Auflichtung des Kindes oder des Jugendlichen zugleich einer Wandlung im gegenseitigen familiären Bezug. (III,309)

Das Verstehen der kindlichen oder jugendlichen Grundgestimmtheiten hat in der Schule seine Bedeutung sowohl im Hinblick auf Störungen, Belastungen, negative Entwicklungen und Verschüttungen des personalen Seelengrundes, als auch hinsichtlich besonderer Begabungen und Leistungskräfte im Lerngeschehen. Sowohl der innerlich geschwächte, sich selbst verneinende oder kompensierende junge Mensch, wie der schulisch Begabte und gut Angepasste, sich selbst Bejahende, bedürfen der Verstehenshilfe und persönlicher Förderung. Alle heranwachsenden Menschen sind auf solche helfende Auseinandersetzung angewiesen, soll ihre Lernkraft in optimaler Weise individualisierend gefördert werden. (III,309)

2. Methoden des individualisierenden Unterrichts

Voraussetzung zur Entfaltung eines individualisierenden Unterrichts ist die *Bildung der Kinder zu höchstmöglicher Selbständigkeit.* In unseren Schulen werden die Heranwachsenden zu wenig zu Selbständigkeit und Selbsttätigkeit gebildet. Die Idee der Aufsicht und Kontrolle, die allüberall unsere Schüler trifft, hält ihre Kraft der Selbsttätigkeit nieder. Wenn Kinder gewöhnt werden, dass ihnen der Lehrer die Aufgaben gibt, anstatt dass sie ermuntert werden im Rahmen gemeinsam beschlossener Projekte sich selbst die Aufgaben zu stellen, wenn Aufgaben von Tag zu Tag der Kontrolle unterliegen, wenn die Disziplin durch tägliche Aufsicht aufrechterhalten wird, ja, wenn selbst der Lehrer noch der Aufsicht der Behörden unterliegt, dann vermindert solche Schule die Kraft des Kindes, selbständig zu arbeiten und zu lernen. Unsere Schule verleitet unsere Kinder zur Unselbständigkeit. Die Bereitschaft zur Selbständigkeit kann indessen leicht durch tägliche gemeinsame Projekte, freiwilliges Lernen, freudiges Forschen und Gestalten und durch selbsterwogene und angemessene Übung zu hoher Kraft freier Arbeitsgemeinschaft entfaltet werden. (II,197)

18

Arbeit in Projekten. An die Stelle der heute üblichen Arbeit nach Stundenplan sollte Lernarbeit in vielschichtigen und wirklichkeitsorientierten Projekten treten. Solche Projekte können mit Ausnahme einzelner besonderer kursorischer Stunden und fixer Stunden, die an Räumlichkeiten oder an Fachleute gebunden sind, den zentralen Unterricht umgreifen. Sie sind nicht im Sinne festliegender Epochen, sondern als den Arbeitsbedürfnissen der Schüler entgegenkommende, zeitlich variable Studien- und Gestaltungsprojekte aufzubauen. (II,198)

Arbeit in Gruppen. Die Arbeit in Gruppen sollte energisch gefördert und herangebildet werden. Gegenseitige Hilfe der Kinder, das echte Gespräch in der Kindergruppe, Planung, selbständige Entscheidung der Wege, der einzelnen Schritte, der Mittel, der arbeitsteiligen Arbeitsgänge müssen vielfältig geübt werden. Niemals sollten die Gruppen im Ganzen oder die Kinder innerhalb der Gruppen konkurrenzierend arbeiten. Der echte Gemeinschaftssinn, Sachlichkeit, Hilfsbereitschaft sind hier zu entfalten. (II,197)

19

Verzicht auf Hausaufgaben. Das Kind sollte, wo immer es sich befindet, in der Schule, zu Hause, unterwegs, in der Fremde anhaltend spielen, arbeiten, lernen. Nur ein freudiges, selbstgewolltes Spielen, Gestalten und Arbeiten hält solche Aktivität aufrecht. Produktives Arbeiten, persönliches Sich-Besinnen und frohes, freudiges Üben muss gelernt sein. Schule und Familie können Anregung und Anleitung bieten zu selbstgewollter, selbstverantwortlicher Tätigkeit. Das Kind muss entdecken, dass es schön und freudvoll ist, selbst Aufgaben auf sich zu nehmen, die seiner inneren Betroffenheit und Schaffensfreude Raum geben. (II,198)

Verzicht auf Leitfäden und programmierte Lehrgänge. Jeder programmierte Lehrgang, jeder Leitfaden widerspricht dem individualisierenden Unterricht. Die strikte Umschreibung des zu Lernenden lähmt die Selbsttätigkeit. Bildung soll je und je ein spontaner, freudiger Akt sein, aus dem Begegnungsganzen, aus der individuellen Möglichkeit und Bereitschaft des Lernenden, aus der Strahlkraft des Lehrenden heraus geboten. Lehrpläne sollten durch Rahmenhinweise ersetzt werden. (II,199)

Mehr Wirklichkeit in unsere Schulen! Um unsere Kinder dazu zu gewinnen, selbsttätig und selbständig zu lernen, ist eine Schwenkung im Konzept des Lernens notwendig. Der kindliche Auftrag sollte sich an der Wirklichkeit selbst entzünden. Die strukturale Präparation des Lehrstoffes durch Lehrmittel und Arbeitsblätter verhindert die unmittelbare, lebendige Begegnung mit Wirklichkeit. Sie verhindert, dass ein Kind auf seine Weise den Weg der Entdeckung, des Selberfindens, der selbständigen Gestaltung und Erforschung der Wirklichkeit beginne. (II,190)

3. Strukturelle Wandlung der Schule
Integrative Einheitsschule ohne Selektion

Eine individualisierende Einheitsschule verzichtet auf alle Vergleiche der Schüler unter einander und verspricht nicht gleiche Chancen. Worin alle Menschen gleich zu werten sind, das ist die geistige Integrität der menschlichen Seele. Jedes Kind steht vor dem Erzieher als dieses eine Wesen, das Sinn und innere geistige Bestimmung seines Lebens in sich selber trägt. Von dieser Grundhaltung geht individualisierende Pädagogik aus. Darin liegt zugleich die Idee der Einheitsschule. (II,200)

In solcher Schule wird auf alle Durchschnittswertung und Durchschnittsforderung, auf alle Selektion verzichtet. Es gibt kein Sitzenbleiben und Repetieren. Der Stufenübergang ist frei. Wo immer möglich, sollen Mehrklassenzüge bevorzugt werden. Ein Klassenlehrer soll auch in oberen Stufen als persönlicher Mentor der Schülergruppe wirksam bleiben. Die individualisierende Einheitsschule ist zugleich eine integrative Schule. Sie wird so weit, wie irgend möglich, auch Kinder mit besonderer Pflegebedürftigkeit aufnehmen. Es wird immer Kinder geben, die einer spezialisierten Ausbildung in einer Sonderschule bedürfen. Im Rahmen der heutigen selektiven Schule ist dieser Kreis recht groß. Die Integration schwacher oder schwieriger Schüler in die Selektionsschule ist auch nicht zweckmäßig. Im Zuge der gleichen Forderungen und des dauernden Vergleichs werden sich diese Kinder stets an den Rand gedrückt fühlen. Das Grundgefühl des Versagens, des Unvermögens, der Schwäche, würde sie belasten. Auch wären sie ein Hemmschuh für den planmäßigen Gang des Unterrichts. Sie vermögen den durchschnittlichen Normen der Regelschule nicht zu genügen. Anders im Rahmen der Einheitsschule. Da könnte die Förderung der Einschulungsschwierigen, der

Lernbehinderten, der Kinder mit Teilleistungsschwächen oder gar Mindersinnige, aber auch Verhaltensgestörte und seelisch schwer verschüttete Kinder sehr wohl Aufnahme und Förderung finden. Ihre Schulung könnte in individualisierender Weise eingebaut und mitgetragen werden. Durch solche Integration würde die grosse Enttäuschung und Diskriminierung der betroffenen Kinder und ihrer Eltern entfallen. Die Entfaltung der begabten Kinder wäre in keiner Weise geschwächt. Zugleich bietet sich bei einer tragfähigen Führung der ganzen Klasse die gegenseitige Hilfe und verantwortliche Pflege der Kinder unter einander an, eine der großen Möglichkeiten der Gemeinschaftsbildung. Es versteht sich, dass die Integration von lernbehinderten oder erzieherisch schwierigen Kindern immer aus den ganz konkreten Voraussetzungen aller Betroffenen heraus entschieden werden muss. (II,200f)

Der Verzicht auf schulische Selektion bedingt, dass die allgemeinbildende Schule der 15-20jährigen jungen Menschen zur freien Angebotsschule ausgebaut werde. Eine individualisierende, gemeinschaftsbildende Mittelschule wäre den heutigen Gymnasien im Lerneffekt der jungen Leute überlegen. Sie müsste gleichzeitig der Berufswahlvorbereitung, allenfalls auch den Bedürfnissen nach praktischer Berufsausbildung ebenso Rechnung tragen, wie den Bedürfnissen der Vorbereitung auf Hochschulstudien und höhere berufliche Ausbildung. Auf die pädagogische Fiktion eines Abiturs oder einer Reifeprüfung sollte verzichtet werden. (II,201)

Vorbereitung auf die berufliche Qualifikation und Auslese. Auf die berufliche Qualifikation kann nicht verzichtet werden. Jeder „gelernte" Beruf stellt besondere Anforderungen an den Menschen. Berufliche Qualifikation ist nicht gleichbedeutend mit beruflicher Selektion. Berufliche Auslese wird notwendig, wenn mehrere Bewerber sich für die gleiche Tätigkeit bewerben. In solchen Fällen spielt seit jeher die ganz persönliche Eignung und Neigung die entscheidende Rolle und nicht die bloße Vorschulung. Die berufliche Selektion ist darum durch die Berufstätigen selbst zu vollziehen und nicht durch die Schule vorwegzunehmen. (II,201)

Gemeinschaftsbildung

Texte aus „Ethik heute. Wege sittlicher Bildung", Olms, Hildesheim, Zürich, New York 2001

Gemeinschaftsbildung widerspricht aller individualistischen Selbstdurchsetzung der Lernenden in selektiven Schulen. Vom Eintritt in die allgemeinbildende Schule bis zum Abschluss der Berufsschule, der höheren Schule oder akademischen Ausbildung, soll der heranwachsende Mensch erfahren, dass die Entfaltung der Gemeinschaftskräfte heute zum Wesentlichsten aller Schulbildung gehört. In konkreter, praktischer Weise soll er erleben, dass alle echte Gemeinschaft ihre lebendige Wirkkraft aus dem freien, unverrechenbaren, unentgeltlichen Liebesdienst schöpft. Alles Lernen muss darum heute gleichzeitig auf gemeinschaftlichen Dienst ausgerichtet sein, soll den großen, drängenden sittlichen Aufgaben der Zeit entsprochen werden. In allem Lernen soll die Hingabe an Mitglieder der Gemeinschaft, die Bemühung um Verständnis, Hilfe und Pflege der Partner enger und weiter Gemeinschaften lebendig sein. (313)

Solche Erfahrung kann zunächst durch die allgemeine Hochhaltung des *persönlichen Helferwillens,* des allseitigen *freundlichen Bezugs,* der *Kameradschaft* und *Freundschaft* in allen schulischen Lernbemühungen gestützt werden. (313)

Im Schulbereich *echte Freundschaft* zu pflegen ist von weitreichender Bedeutung. Es ist der Weg zum personalen Bezug von Mensch zu Mensch, der allen Gemeinschaften, engen und weiten, letztlich zugrunde liegt. Die persönliche Verantwortung für den Partner freundschaftlicher Zuwendung kann durch zahlreiche gemeinsame Erlebnisse, Arbeiten und selbst gewählte Aufgaben vertieft werden. Und das ist stets von großer Bedeutung. Denn solch personale Zuwendungskraft ist der Boden künftiger Liebesbegegnung. Sie trägt und durchdringt auch allenfalls spätere Begegnungs- und Liebesformen erotischer und sexueller Art in verantwortlicher Weise. Sie ist nährende Quelle künftiger Ehe- und Familiengemeinschaft. Aus ihr fließt die Kraft der Verantwortung für den andern Menschen. In ihr wurzeln Kräfte der Treue, der Verzeihung und der Vergebung. Der verständige Erzieher kann in der Schule auch gelegentlich dazu beitragen, in Kindern und Jugendlichen, die kaum einen persönlichen Bezug zu einander haben, ja, die sich abweisen und aggressiv gegen einander handeln, durch die Vertiefung der gemeinsamen Anteilnahme und des Verstehens gegenseitige Gefühle echter Freundschaft zu wecken. Der echten Freundschaft ist in aller schulischen Tätigkeit viel Raum zu geben und ihrer Vertiefung und Pflege viel Kraft und persönliche Stütze zu leihen. (313)

Schülerinnen und Schüler aller Altersstufen sollen ermuntert werden, ihr Lernen als *gemeinschaftlichen Dienst* aufzufassen, eigene Einsichten und errungenes Wissen den Kameraden, aber auch interessierten Menschen außerhalb der Schule willig entgegenzubringen und zu eröffnen. Alle Gestaltung, ja, selbst die Gestaltungsübung kann im Bewusstsein gemeinschaftlichen Erlebens und zur gemeinschaftlichen Betroffenheit getätigt werden. Im praktischen Lernumgang soll offenbar werden: Jeder geistige Akt, jeder ernsthafte Gestaltungswille ist zugleich ein Geschenk an den gemeinschaftlichen Umkreis. Die persönliche Entfaltungshilfe jüngeren oder weniger fortgeschrittenen Schülern gegenüber sollte selbstverständlich und vielfältig geübt sein, nicht als überbundener Auftrag und äußere Verpflichtung, sondern als unmittelbare Freundlichkeit und Zuwendung. Solche Hilfe kann im schulischen Umkreis weiterhin gepflegt und als persönliche Tat dankbar anerkannt und gewertet werden. Die Gemeinsamkeit des Lernens und Gestaltens in kleinen Gruppen sollte freudiges, persönliches und sachliches Erlebnis sein. Das echte Gespräch der Schüler und Schülerinnen untereinander, gemeinsame Bemühung um Verständnis und Einsicht, das immer wieder neu erwachende Interesse für die Auffassungen und Anschauungen, aber auch für die inneren Nöte und Belastungen jedes andern Kameraden der Gruppe oder der Klasse, sollte geweckt und wach gehalten werden. Für das besondere Verständnis schwacher, schwieriger, aggressiver und kompensierender Kinder im gemeinschaftlichen Verbund sollte sich der Mentor und die ganze Klasse oder Gruppe hinreichend verwenden. Besondere Beachtung ist den fremden und fremdsprachlichen Kindern zuzuwenden. Niemand sollte ausgeschlossen, abgewertet, abgewiesen sein. Die innere Auflichtung des seelisch Verschütteten ist gemeinsamer Auftrag. Kameradschaftliche Zuwendung zu gemeinsamen Lernthemen kann alle Einzelarbeit stützen und fördern. Die gegenseitige Befreundung der Kinder und der Jugendlichen ist in allen Bereichen zu vertiefen. Andererseits ist alle Cliquenbildung, alle Abgrenzung einzelner Gruppen nach außen durch immer neue, sachlich gestützte Lernkonstellationen zu überspielen und aufzulösen. Eine dichte, allseitige Gemeinschaftshaltung mag alles schulische Lernen tragen und durchtränken. (314f)

Hier zeigt sich nun die soziale Fruchtbarkeit und methodische Hilfe des *gemeinsamen Lernens in Projekten.* Gemeinschaftlicher Umgang und sittliche Bildung finden in solchen Arbeitsweisen wesentliche Hilfe. Das Gesamtziel, die gemeinschaftliche Aufgabe verbindet eine Gruppe oder die ganze Klasse. Auch größere Schulabteilungen oder die gesamte Schule können sich gelegentlich zu einem gemeinsamen Projekt zusammenfinden. Projekte schließen stets die gegenseitige Hilfe aller Beteiligten ein. Kameradschafts- und Zugehörigkeitsgefühle finden im gemeinsamen sachlichen Suchen und Wirken Raum. So weit wie möglich, sollten Projekte auch nach außen orientiert sein und die Lernenden praktischen Bedürfnissen weiter Kreise verbinden. In solchem Zusammenhang erweist sich das Lernen zugleich als produktive Arbeit. In zahlreichen Unternehmungen, in Produktionsbetrieben, öffentlichen und privaten Arbeitsfeldern können Schüler von Fachleuten angeleitet, gemeinschaftlich wertvolle und zugleich lehrreiche Arbeit leisten. Lernen durch Arbeit! Vor allem aber zeigt sich die gemeinschaftsbildende Kraft im inneren Zusammenwirken der Beteiligten. So lässt sich jedes größere Projekt in Teilziele und Gruppenarbeiten, in Partner- und Einzelarbeiten zerlegen, wobei alle Mitwirkenden Hingabe und Verantwortung für das gemeinsame Gelingen übernehmen. (315)

Innerhalb der Arbeitsgruppen ist das soziale Verhalten der Beteiligten selbst bedeutendes Bildungsziel. Denn hier kann der echte Helferwille und die gegenseitige Achtung in intensiver Weise gepflegt werden. Alles Sich-Vordrängen, aller persönliche Führungsanspruch muss abgebaut werden. Die sachlich bedingte Führungskraft setzt Bescheidenheit und soziale Umsicht voraus. Die Teilnehmer sollten sich aus eigener Einsicht und Bereitschaft willig unterziehen können. Beratendes Gespräch und Beschlussfassung sind vielfältig zu üben. Mitläufer und Drückeberger müssen durch neue persönliche Impulse zur Mitarbeit gewonnen werden. Schüchterne, Unentschlossene sind zu ermutigen.

Vieler sozialer Erfahrung, Ermunterung und Schlichtung bedarf solch gemeinsame Arbeit. Die Verantwortung für alle Beteiligten und für den Auftrag der Gruppe im Ganzen muss bei allen Mitarbeitern gefestigt werden. Gegenseitige Ansprache, Freundlichkeit und innere Arbeitsordnung müssen geübt werden. Auf jede Hervorhebung einzelner Leistungen und der Gruppenleistungen ist zu verzichten. Jeder wertende Vergleich der Gruppen untereinander soll ausgeschlossen sein. Echte, intensive Gruppenarbeit und gemeinsames Gelingen sind für alle Beteiligten stets ein bedeutendes freudiges Erlebnis. (315f)

Zahlreiche *gemeinschaftliche Anlässe* können die soziale Bildungsarbeit der Projekte stützen und begleiten. Gemeinsames Wandern, Ausflüge und Schulausgänge, Schulverlegungen, gemeinnützige Veranstaltungen, Feiern und Feste, gemeinsame Hilfsaktionen und öffentliche Dienste im offenen Erfahrungsraum der Arbeitswelt und der Gemeinde bringen oft bedeutende Vertiefung gemeinschaftlicher Erlebnisse. Kontakte zu Schulklassen anderer Gemeinden und Sprachregionen, Besuche und Briefverkehr öffnen und weiten den gemeinschaftlichen Bezug. Vor allem aber wirken gemeinsame Aufführungen und Darbietungen im musikalischen, rhythmisch-tänzerischen oder schauspielerischen Umkreis nach innen und außen verbindend. Öffentliche Darbietungen und Aufführungen in andern Schulen, Gemeinden, Altersheimen, Spitälern oder Gefängnissen bringen zahlreiche neue Erfahrungen und freundliche Verbindungen. Und in allen Bereichen soll die Idee gemeinschaftlichen Dienstes und gegenseitiger Befreundung im Vordergrund stehen. (316)

Eine ganz große Aufgabe sittlicher Bildung stellt sich der Schule aller Stufen im Hinblick auf die Festigung der *Arbeitswilligkeit* und *Arbeitsbereitschaft* jedes Schülers und jeder Schülerin. Die gegenwärtige Entwicklung des Arbeitsmarktes in den Industrienationen und zahlreichen Entwicklungsländern, die weltweite Arbeitslosigkeit, zwingt zu neuen Konzepten der Arbeitswertung und Entlohnung. Solch neue Arbeitsansätze und Einkommensformen sind nur lösbar, wenn die arbeitenden Menschen in der Gesellschaft zu vielen selbständigen Einzelunternehmungen und Betrieben, zu beweglichen Arbeitsformen und vor allem zu freiem allseitigen Arbeitseinsatz im Dienste der Gemeinschaft bereit sind. Arbeit als freier Dienst! Vielfalt der freien Innovationen aus gemeinschaftlich orientierter Wirtschaft! Bildung zur Dienstbereitschaft ist ein fruchtbarer Weg wirtschaftlicher Entwicklung. Sie ist Voraussetzung jeden „Sozialstaates". (322f)

Der gleiche Bildungsweg dient auch der *Milderung weltweiter Armut.* Es ist der Weg der Bildungshilfe, der in armen Bevölkerungskreisen zur Selbsthilfe führen kann. Freilich müssen zugleich Überlebensmöglichkeiten, rechtlich sichernde Voraussetzungen und der Aufbau der nötigen Infrastrukturen geschaffen werden. Entscheidend aber ist die Entfaltung elementarer und beruflicher, aus dem praktischen Leben der betroffenen Menschen hervorgehender Ausbildungsmöglichkeiten und die Festigung ihrer ursprünglichen Gemeinschaftsbereitschaften. Ohne ausreichende direkte Hilfe und materielle Förderung der Familien und der Straßenkinder ist der innere Aufbruch der verelendeten Menschen nicht zu erwarten. Solche Hilfe ist ohne Gewinn und ohne Rückzahlungen vorzunehmen. Sie mag der entschiedenen Solidarität der Wohlhabenden mit den Armen entspringen. Hierzu könnte der Ertragsüberschuss zahlreicher gemeinschaftsorientierter Unternehmen in den reichen Industrieländern beitragen, wie auch private und öffentliche Spenden und Erträgnisse aus gezielten Wohlfahrtsveranstaltungen. Von den sehr zahlreichen Menschen, die über große Reichtümer verfügen, können viele, die sich einem allgemeinen Einsatz sittlich-sozialer Erneuerung anschließen, wesentliche Hilfe bieten. Solche Hilfe ist ohne eine ernsthafte Bescheidung der wohlhabenden Menschen nicht vollziehbar. Nur ein gemeinsamer Aufbruch sittlicher Einstellung ermöglicht solche Bereitschaft. (348f)

Die großen, drängenden Aufgaben modernen Wirtschaftens zu bestehen, setzt bei allen Beteiligten eine wesentliche Vertiefung der sittlichen Einstellung und der Gemeinschaftskräfte voraus. Die Milderung der weltweiten Armut und die Besserung der Lebensmöglichkeiten in den Ländern der „Dritten Welt", der Abbau der belastenden Kinder- und Frauenarbeit, die Überwindung der Arbeitslosigkeit und die Bewältigung der negativen Auswirkungen gegenwärtigen Wirtschaftens auf die Umwelt und die Lebensvoraussetzungen unserer Nachfahren – dies alles fordert einen großen sittlichen Einsatz und die allgemeine Stärkung und Vertiefung der Gemeinschaftskräfte. Das Wissen um die wachsenden Belastungen durch die gegenwärtige Entwicklung der Wirtschaft und die Einsicht in das Ausmaß der Armut müssen vorausgehen. Das Entscheidende aber ist eine praktische Umwertung in der sittlichen Einstellung und das Bekenntnis zahlreicher Menschen zu neuen Formen sittlich und gemeinschaftlich gegründeten Wirtschaftens. (242)

Die Verankerung moderner Marktwirtschaft in einer sittlich tragenden Grundhaltung setzt bei vielen Menschen eine tiefgreifende Wandlung der persönlichen Einstellung zur Wirtschaft und ein Umdenken in der Idee selbst des Wirtschaftens voraus. Es ist die Bereitschaft zur *Wirtschaft als gemeinschaftlichem Dienst*. (242)

Die *Minderheiten* im eigenen Land nicht nur zu dulden, sondern ihnen in der erschwerenden Situation ihrer Lage zur Wahrung und Entfaltung der eigenen Kulturkräfte, ihrer Sprache und Glaubensformen, ihrer Sitten und Gebräuche aufzuhelfen, setzt eine innere Bereitschaft zum freundlichen, nachbarschaftlichen Umgang und die persönliche Bemühung um vertieftes Verständnis ihrer Lebensweise, ihrer geistigen Haltungen und Ausdrucksformen voraus. Die Bildung zur Bereitschaft solch verbindender Befreundung ist Auftrag der ganzen Bevölkerung. Sie setzt ihrerseits voraus, dass auch die Fremden, die Fremdarbeiter, die Zuzüger, Asylanten und Flüchtlinge im Land die Aufgabe auf sich nehmen, ihrerseits befreundende Kontakte zu pflegen, die Sprache des Gastlandes zu erarbeiten und das vielfältige vorgefundene Ethos, die Sitten und Haltungen der Bewohner wahrzunehmen und zu achten. Zahlreiche gemeinsame Anlässe in Quartieren, in Berufskreisen und verschiedensten Institutionen können mithelfen, gegenseitig die kulturelle Besonderheit verstehen und schätzen zu lernen. Aus solch gemeinsamer Zuwendung kann für beide Seiten ein großer innerer Reichtum hervorgehen. Er hilft zugleich einer sinnvollen politischen Einstellung der Bürger auf. (350f)

Bildung zu *politischer Verantwortung* ist in erster Linie sittliche Bildung. Das gilt im staatlichen Umkreis für alle Bürger, für alle sprachlichen, ethnischen und religiösen Minderheiten, für alle Flüchtlinge und Asylanten und für alle Fremden, die sich auf dem Territorium des Staates aufhalten wollen. Auch für den Politiker, für die politisch führende Persönlichkeit und Berufskraft, ist sittliche Bildung und Entfaltung ungleich wichtiger als alle spezifisch berufliche Ausbildung. Eine Demokratie taugt so viel wie die Gemeinschaftsbildung ihrer Bürger.

Ästhetische Grundlagen der Bildung

Texte aus   (I)„Sehende Liebe. Ästhetische Bildung des Menschen",
Olms, Hildesheim 1993, ferner

(II)„Ethik heute. Wege sittlicher Bildung", Olms, Hildesheim, Zürich,
New York 2001 und

(III)„Von der Innerlichkeit des Wirklichen. Philosophie der geistigen
Zuwendung und Bildung", Olms, Hildesheim, Zürich, New York 2007

Das ästhetische Erleben des Menschen ist Grundlage seines geistigen Lebens. Denn ästhetisches Erleben ist unmittelbares Verstehen und Erahnen des Wirklichen in seinen subjekthaften Motiven. Wo die Motive des Begegnenden sich in ihrer Entfaltung frei und ungehindert zeigen, wo sie aus „lebendiger", ganzheitlicher Mitte heraus harmonisch zusammenklingen und die Vielheit aus solch ursprünglicher Einheit und Verwandtschaft getragen wird, gibt sich das „Schöne" des Begegnenden. Wo andrerseits Vernichtung und Verkargung der Motive sichtbar werden und Hass und Widerspruch des Individuellen herrschen ist „Hässlichkeit" der Ausdruck. Die reine Anteilnahme, in der sich uns Begegnendes von innen her eröffnet, ist das ästhetische Erleben. Und eben in solcher Anteilnahme und Zuwendung des verstehenden Bewusstseins liegt alle ursprüngliche Geistigkeit des Menschen. (I,32)

In unmittelbarer Weltbegegnung hebt sich im ästhetischen Erleben je und je die dunkel, aus unbewussten Tiefen mitschwingende Ahnung eines tätigen Ursprungs, eines „lebendigen" Grundes, dem die begegnende Welt in der Fülle ihrer Erscheinungen ihre fast unendliche Mannigfaltigkeit dankt. Es ist ein unabweisbares, mitklingendes Bewusstsein, dass alles Erscheinende ein ursprüngliches Tun begegnender, wirkender Wesen voraussetzt, dass alle Aktion des Begegnenden nicht anders als von innen her, aus ursprünglichen Motiven aktiver Subjekte entlassen werden kann. Freilich sind solche Motive nicht leicht zu durchschauen. Sie sind nicht vergleichbar den Willensimpulsen lebendiger Wesen. Innere „Lebendigkeit" der anorganischen Welt ist nicht schon Lebendigkeit lebender Wesen. Doch ist es eine Wirksamkeit, die in einem tief vernehmbaren Sinn dem uns vertrauten Leben verwandt ist. Von innen her, aus eigenem Leben, die verwandten Motive mitzuempfinden, weckt das ästhetische Erlebnis des Menschen. (I,7)

Schönheit hat ihren objektiven Grund im freien Walten der Motive begegnender Wirklichkeit. Nur begegnender Wirklichkeit und ihren Figurationen und Signaturen erwächst das Erlebnis des Schönen. Alles, was ist, ist schön und hässlich zugleich. Allüberall, wo Wirkendes uns begegnet, ist *Schönheit* der Ausdruck der frei wirkenden subjekthaften Motive und ihres harmonischen Zusammenspiels aus verwandtem, einenden Ursprung. Alles Seiende ist schön aus seinem reinen Motiv-Impuls. Und schön ist das harmonische Spiel und das Zusammenklingen der Motive aus gemeinsamem Ursprung der Impulse. Aber in jedem elementaren Impuls liegt auch ein doppelter Grund des *Hässlichen.* Denn einerseits ist jeder Impuls selbst Entwurf seiner Dauer und Wirkkraft. Alles Leben ist zugleich Aufbau und Abbau seiner Organe. Und darin liegt keimhaft Möglichkeit und innere Notwendigkeit der subjekthaften Verminderung, des Versiegens, Erlöschens, Sterbens. Alles, was wirkt, entfaltet sich aus der Mitte seiner Impulskraft und schenkt sich in seinem Wirken selbst dar. Aber es verändert sich. Und während das innere Aufglühen und die Entfaltung der Motive für unser Vernehmen das Schöne entlassen, zeigt sich zugleich das Hässliche als Saum ihrer Verminderung und ihres Versiegens, ihrer Schwächung, Verkümmerung und Trübung. Ein welkendes Blatt zeigt in seiner Form und seiner Verfärbung noch das Schöne lebendiger Ursprungsmotive. Aber im Fortgang des Welkens zeigt sich der Zerfall, das Hässliche. Der andere Grund des Hässlichen aber liegt im Ernährungs- und Aufbau-Entwurf des Lebens selbst. Alles Leben lebt aus anderem Leben und anderer Wirklichkeit. Und so ist der fremde Befall und die Vernichtung eines Lebewesens und seiner Organe durch andere Lebewesen Ausdruck des Hässlichen. Der Adlerschnabel, der Zahn des Raubtieres, sie sind in ihrer Form vollendet schön. Aber das Bewusstsein oder das Erlebnis vom Zerriss andern Lebens zeigt ihre Hässlichkeit. Schön und hässlich wurzeln in diesem Sinn im ursprünglich Verbundenen und Verwandten und im individuellen Widerspruch des Lebens und allen Seins. (I,4 und 26)

Ästhetisches Gestalten hat nicht schon den Anspruch, künstlerischer Ausdruck zu sein. Die künstlerische Formung fließt zugleich aus Bedürfnissen, die nicht notwendig im ästhetischen Erleben und Gestalten liegen. Ästhetisches Gestalten findet seinen Sinn in der Freude der *Übung*. Solche Übung erwacht am Erfahren des Wirklichen entlang. Sie ist nicht notwendig auf ein zu schaffendes Werk gerichtet. Zwar gibt es zahlreiche Formen des Bastelns, des Musizierens, der rhythmischen Bewegung in Tanz und Spiel, in Turnen und Sport, Übungen des gemeinsamen Theater- und Puppenspiels, des bildnerischen Gestaltens im Zeichnen und Malen und im plastischen Wirken, die sehr wohl auf das Ergebnis, auf das gestaltete „Werk" gerichtet sind, an dessen Erfüllung die Gestaltenden Freude und Befriedigung empfinden. Und doch findet ästhetisches Gestalten nicht im erfüllten Werk seine menschliche Bedeutung, sondern im Üben selbst. (I,43)

Solches Üben hat nichts gemein mit den Übungen, die landläufig in Schulen zur raschen Bewältigung bestimmter Fertigkeiten verlangt werden. Solche Übungen sind abträglich für viele Kinder. Sie üben auf ihnen unangemessene Weise. In der Regel ist solches Üben auch unbeliebt. Übung im ästhetischen Gestalten hat einen andern Sinn. Solche Übung ist nicht von der Endform her bestimmt. Nicht von der Erfüllung des Werkes und nicht als rasche Meisterung geforderter Fertigkeiten. Solche Übung wird nicht erledigt wie im schulischen Übungsauftrag. Sie ist nicht durch die Befriedigung des Auftraggebers bemessen und bewertet. Sie ist ein eigener, freier Entfaltungsweg. Sie ist nicht auf ein Ziel ausgerichtet Der Übende findet ihren Sinn darin, in der Übung zu stehen. Ästhetisches Gestalten geschieht nicht aus der Absicht der Übung. Nicht zu pädagogischen Zwecken. Wer frei ein Lied singt, singt es sich zur Freude, nicht, um zu üben. Und gerade darin liegt der bildende Wert der ästhetischen Übung. (I,43)

Alles Lernen bemisst seine lebendige, schöpferische Kraft und die Fülle des bleibenden und wachsenden Lernerfolges am unmittelbaren Wirklichkeitsbezug und an der geistgetragenen Motivation und Betroffenheit des Lernenden. Darum hat alles sinnvolle Lernen seine Wurzeln im ästhetischen Erleben. Denn die Begegnung des Menschen mit subjekthafter Wirklichkeit ist nicht anders erfahrbar als im ästhetischen Verstehen. Der unmittelbare Umgang des Menschen mit ihm begegnender Wirklichkeit setzt den ästhetischen Einstieg voraus. Aus ästhetischem Erleben heraus lernen ist leicht. Die Mühsal des Lernens entspringt weitgehend der Missachtung der ästhetischen Grundhaltung und der daraus folgenden individuellen Unangemessenheit der Lernbemühung. Das ästhetische Verständnis stützt und vertieft alles Lernen. In der Mathematik hilft es, Probleme unmittelbar sehen zu lernen. In der Geschichte führt es nahe an die konkrete Wirklichkeit des Geschehens heran. In aller Sprachbildung beschwingt es durch den prosodischen Elan des Sprechens. Ästhetisches Erleben und Gestalten ist sinnvolle Grundhaltung aller Pädagogik. (I,141)

Ästhetische Grundhaltung ist zugleich Wurzel aller *Phantasie*. Phantasie ist nicht frei schwebende, von aller Wirklichkeit entbundene Ausgeburt unserer Vorstellungswelt. Nicht die Flüchtigkeit der Bewusstseinsinhalte, die Vielfalt der sprudelnden Bilderwelt, die Originalität, Subjekthaftigkeit und Ungebundenheit der Kombinationen zeichnen die Phantasie. Phantasie ist vielmehr die in der ästhetischen Wirklichkeitsbetroffenheit verwurzelte innere Spannung des Bewusstseins, aus der heraus alles Lernen, Forschen und Gestalten, alle Findigkeit, Entdeckungskraft und Kreativität zur intuitiven Verdichtung des wesentlichen Realitätsverstehens drängt. Phantasie ist wie das persönliche qualitative Profil der Intelligenz und Begabung ein vielgestaltiges, überdachendes Vermögen der Persönlichkeit. Aus der Fülle und Weite des ästhetischen Erlebens hebt sich die verdichtete Ahnung wesentlicher Wirkweisen des Begegnenden, und sie innerlich im Griff behaltend, öffnen sich der Vorstellungskraft innere Bedeutungen, Bilder und Zusammenhänge, die gestaltend zu realisieren immer ein Hinweis auf jene Grunderfahrung wesentlich erlebter Wirklichkeit verbleibt. (I,146)

Bildung zur Phantasie ist schrittweise, schöpferische Verdichtung des ästhetischen Erlebens, Übens und Gestaltens. Die Pflege der Phantasie geschieht überall, wo der Erlebnis- und Lernprozess sich aus der ästhetischen Erfahrung der Wirklichkeit nährt. Phantasievolles Lernen und Gestalten ist nicht Sache des verträumten Einzelgängers. Phantasie ist innere Betroffenheit durch die Welt und den andern Menschen. Sie gilt der Welt, diesem andern Menschen. Sie lebt aus solcher Verbundenheit. (I,147)

Die ästhetische Grundhaltung des Lernens ist zugleich Grundlage der *Persönlichkeitsentfaltung*. Denn aus unmittelbarer geistiger Zuwendung zu begegnender Wirklichkeit fließt zugleich die geistige Einstellungsbildung des Menschen zu sich selbst, die Gemeinschaftsbildung und die Liebe zum Seienden und zu dieser Welt, in der wir leben. (I,147)

Kunst folgt nicht äußeren Kriterien. Doch gibt es dem künstlerischen Wirken einwohnende innere Forderungen, innere Kriterien, die echte Kunst vom bloßen ästhetischen Anspruch scheiden. Die *inneren Kriterien* der Kunst sind die Reifungswege des Künstlers selbst. (I,78)

Der Umgang des Künstlers mit dem sogenannten „Material" seines Wirkens zeigt erste Übungswege. Denn in dem Masse, wie er seinen Ausdruck der inneren Motivwelt und der Eigensprache begegnender Natur verbindet, muss er ihre lebendigen Kräfte ästhetisch verstehen können. Nicht äußerliche Kenntnis des Materials ist hier gefordert, sondern elementares ästhetisches Verstehen im Umgang mit dem „Material". Das hilft zugleich zur gestalterischen Meisterung der vorgegebenen Natur, der er seinen Ausdruck anvertraut. Hierin liegt ein erster Saum künstlerischer Weltverbundenheit. (I,78)

Das vorgefundene „Material" wirkt künstlerisch nicht

schon aus sich selbst. Das wäre rein ästhetisches Erleben. Ihm einen *Inhalt* einzubilden setzt weiterhin voraus, sich auch der Innerlichkeit solchen Inhalts so weit zu nähern, dass seine Darstellung wie aus dem Innern des Künstlers spricht, und dass sie so gemeistert werden könne, dass sie sich der Eigensprache des „Materials" verbindet. Der dargestellte Inhalt kann für den Künstler große persönliche Bedeutung haben. Er kann auch Vorwand sein für andere, ihm wichtigere Werte. Niemals aber ist der Inhalt des Dargestellten selbst letzter Sinn und Zweck der künstlerischen Formung. Er ist nur Durchblick, Transparenz auf den dem Werke einzubergenden wesentlichen Gehalt. Der Übungsweg des Künstlers ist aber auch dem Inhalt zugewandt. (I,90 und 103)

Der eigentliche Reifungsweg des Künstlers ist die geistige Entfaltung seiner Seele. Aus dem persönlichen Erfahrungs- und Stimmungsgrund seines eigenen Lebens, aus der Verdichtung des ästhetischen Erlebens und Verstehens der Grundmotive, die sich ihm in der lebendigen Begegnung mit der Weite subjekthafter Wirklichkeit wie von innen her erschließen, öffnet sich ihm eine ursprüngliche, elementare

Liebeskraft und Anteilnahme, die ihn der Welt und dem Menschen immer neu verbinden. Das ist die ursprüngliche Quelle künstlerischen Ausdrucks. Das ist die innere Nötigung zum künstlerischen Gestalten. Darin liegt die menschliche Bedeutung aller Kunst. Wo solches Grunderleben im Gestaltenden nicht zu großer Weite und Tiefe der geistigen Betroffenheit reifte, bleibt der Ausdruck seicht und bedeutungslos. Er kann nicht als wesentliche Kunst verstanden werden. Wenn es aber dem Schaffenden gelingt, Erlebnisse, Gefühle, Werte solcher inneren Haltung ins Werk zu setzen, so klingen sie als *wesentlicher Gehalt* des Werkes auf. Solcher Gehalt ist nicht umschreibbar, nicht abschließend zu wissen. Jeder, der das Werk erlebt, kann, dem Reichtum seiner Seele entsprechend, neu einsteigen in das persönliche Vernehmen des Gehalts. Der wesentliche Gehalt des Werkes ist die eigentliche Bildekraft der Kunst. Er wirkt durch die Gestaltung des „Materials", des Inhalts und durch die Kraft der künstlerischen Formung. (I,79)

Künstlerische Formung ist nicht „Form", die dem Inhalt gegenüber stünde. Die Form gehört in einem gewissen Sinn zum dargestellten Inhalt. Künstlerische Formung aber zeigt den Akt künstlerischen Gestaltens selbst. Die unmittelbare Tätigkeit des Gestaltens ist dem werdenden Werke eingegossen. Sie ist vernehmbar im Pinselstrich, im Meißelhieb, im lebendigen Stil des Schreibens und musikalischen Komponierens und ganz besonders in allen Formen aktueller Kunstausübung, im Kunsttanz und in jeder schauspielerischen Gebärde. Im gesprochenen Wort und im musikalischen Vortrag. Die aktive Formung des Künstlers zu verstehen führt an die Wurzeln seiner Kunst. Der Gehalt des Werkes spricht am stärksten durch die Formung. Das Geheimnis der Formung aber ist die Übung. (I,79)

Kunst ist nicht zufällig und nach Belieben zu genießen. Nicht freundliche Zierde und Erholung an Rande des Alltags. Nicht Unterhaltung und privates Vergnügen. Kunsterleben ist dem Menschen notwendiges Bildungsgeschehen. Kunst, wie sie der echte, schaffende Künstler meint, ist eine Botschaft an den Menschen. Kunst muss erlebt und gewürdigt werden, wie sie geschaffen wurde: Als Aufruf und

Durchblick in Wesensbereiche, die dem Menschen bedeutend sind. Als Teilnahme am Leid der Welt und des Menschen. Als Bekenntnis zu einem aktiven Durchbruch des eigenen Lebens in jenen Bereich geistiger Zuwendung und lauterer Hingebung, die die ursprüngliche Verwandtschaft und lebendige Einheit des Begegnenden in Sicht bringt und ernst nimmt. Echtes Kunsterleben ist darum in jedem Werkerlebnis Aufruf zur inneren Wandlung des Bewusstseins und der Lebenseinstellung des Erlebenden. Es ist Aufruf zum geistigen Überstieg. Es ist notwendiger Bestand der menschlichen Lebensführung. Die geistige Wirkung des echten Kunsterlebens kann durch keine andere Bildungs- und Kulturform ersetzt werden. Wo das Kunsterleben ins Uneigentliche und Unechte verkümmert, verdirbt der Mensch in weiten Bereichen seiner Menschlichkeit (I, 135)

In allen künstlerischen Bereichen ist *Teilnahme* ein direkter Weg zur Erahnung der Eigensprache des „Materials", zur Vertiefung der inhaltlichen Schau und zur Näherung an den eigentlich gemeinten wesentlichen Gehalt. Die Übung der eigenen Formungskräfte aber führt, dem intuitiven Verstehen gemäß, über die motivoffene Sammlung, durch die

Latenz- und Wartezeit zu jener unmittelbaren Ausdrucks-kraft, die das ästhetische und künstlerische Formen zeichnet. Der innere Bezug zur begegnenden Wirklichkeit und ihren Motiven aber ist Weitung und Vertiefung der Persönlichkeit und ihrer Liebeskraft. (III,224)

Übung

Texte aus „Wandlung der Schule. Individualisierung und Gemeinschaftsbildung", Novalis, Schaffhausen 1993

In unseren Schulen wird viel geübt. Die stille Beschäftigung dient der Übung. Der Aufgabenlösung. Allein, in der Weise, wie Übung gefordert und gepflegt wird, scheint weit herum in den Schulen eine Einstellung zu herrschen, die der fundamentalen Bedeutung der Übung für alles Lernen und für die persönliche Bildungschance des Einzelnen nicht gerecht zu werden vermag. Die innere Kraftbildung des Kindes tiefer zu verankern, seine Bildungsmöglichkeiten in der Schule reicher zu entfalten, setzt einen doppelten Wandel in Sinn und Praktik der kindlichen Übung voraus. Das eine ist die Wandlung zur ästhetischen, aus künstlerischem Impuls und heiterer Grundstimmung heraus gewonnenen Übung. Das andere ist die Pflege des Individuellen in der Übungsweise jedes einzelnen Kindes. Wie ein Kind übt, bedarf der größten Aufmerksamkeit und Lenkung durch den psychologisch geschulten Erzieher. Übung ist nicht einfach dem kindlichen Aufgabenbereich zu überbinden. Auch nicht den Eltern.(110)

Übung aus ästhetischem Grunderleben.

Man darf wohl sagen: in rechter Übung liegt das Geheimnis echter Bildung. Das erste, was gefordert ist, ist der Verzicht, die tätige Übung auf den Erfolg hin auszurichten. Ein Kind, das sorgfältig seine Zeilen mit Zeichen oder Buchstaben füllt, wie ihm aufgetragen, das seine Aufgaben macht, damit sie gelöst sind, das sein Gedicht lernt, um es morgen sagen zu können ohne zu stocken – verdirbt seine besten Übungskräfte. Es übt nicht aus dem Sinn geistiger Entfaltung in der Hingabe an die sich öffnende Wirklichkeit, es übt aus dem Bedürfnis, sich der Aufgabe zu entledigen. Um zu bestehen vor dem Lehrer. Vor der Klasse. So versäumt es, die Übung selbst, seine geistige Kraftbildung als solche, ernst zu nehmen und zu seiner eigentlichen inneren Aufgabe zu machen. Nicht für das fertige Werk, *nicht für den raschen Erfolg* ist zu üben. Der Übende darf sich während des Übens nicht der Endform verschreiben. Sondern das Bildende ist, in der Übung zu stehen, ihre Kraft zu erleben. Freilich, der Zielraum im Ganzen ist im Griff zu behalten. Nicht technische Übungen sind gemeint. Nicht Atemtechnik, Stimmbildungsübungen, Artikulationsbemühungen führen das Kind zum eloquenten Sprechen. Sondern am wesentlichen, inhaltlich konkreten Sinn entlang den Text lebendig ersprechend, eingegossen ins Ganze der Dichtung, des Lesestücks, des dramatischen Spiels, wird sinnvolle Übung entfaltet. Im tätigen Üben selbst erschließt sich dann das Feld der Motive, die anklingen in solchem Tun. Die Schönheit der Motive abhorchend und auskostend, während des Tuns, vollzieht sich die Übung. Wenn das Kind seine ersten Buchstaben schreibt, muss es weniger trachten, dass ihm die Form genau gelinge, als dass es im Ablauf der Bewegung die fließende Geste, ja, die Gebärde verspürt. Darin ruhen der soziale Bezug und das Wirklichkeitserlebnis der Übung. Darin ruht die Heiterkeit des richtigen Übens. Die gleiche ästhetische Grundhaltung ist in allem Üben zu wahren, im mathematischen Lernen, in der wissenschaftskundlichen und geschichtlichen Gedächtnisschulung und ganz besonders in allem schöpferischen Denken und Gestalten. Aller Druck, alle termingebundene Drangsal sind abzubauen. Wo gar bei ungenügender Übung Bloßstellung oder Strafen drohen, verliert sich ihr bildender Sinn. Es ist nicht wahr, dass bei mancher Übung äußerer Druck vonnöten ist. Dann liegt die Übung falsch. Übungs-Aufgaben unter Druck verderben auch noch den Lernwillen. Solches Üben kann eine wahre Abneigung dem Lerngegenstand gegenüber erwecken. (110f)

54

Alles Üben hat seine *innere Rhythmik*. Rhythmus darf nicht mit dem Gleichmaß steter Wiederholung verwechselt werden. Von allem Taktieren und Skandieren ist Rhythmus streng getrennt. Im lebendigen Erwachen der Energien, im Zusammenfluss vielfältiger Einzelkräfte gibt sich der rhythmische Aufbruch als organisch fließende Bewegung. Alle Übung bedarf der *Wiederholung*. Aber nur ästhetisch lebendige, aus dem rhythmischen Grunderleben genährte Wiederholung des Übungsverhaltens ist im persönlichen Sinne bildend. Stereotype Wiederholung ist eher abträglich. Sie wirkt ermüdend und stumpft die innere Betroffenheit ab. Es ist nicht gut, im Unterricht einzelne Sätze oder gelesene Abschnitte in stereotyper Weise wiederholen zu lassen. Es ist abträglich, beim Memorieren den Text mehrfach in gleicher Betonung und Diktion durchzusprechen. Rhythmische Wiederholung setzt voraus, beim Wiederaufnehmen der inneren Bewegung ganz neu aus dem aktuellen Aufklingen der Motive einzusteigen und aus neuer Sicht, in vorstellungsmäßig neuer Verschmelzung in die wiederholte Übung einzusteigen. Die innere Variation und Lebendigkeit der Wiederholung macht ihren bildenden Wert. (111f)

Die innere Rhythmik der Übung zeigt sich auch im Wechsel von Übungsintensität und Latenzzeit. Die Übungstension darf den lebendigen Kraftaufwand im übenden Tun nicht ausschöpfen oder gar überbelasten. Das einzelne Kind, jeder Mensch, muss lernen abzuspüren, wann es subjektiv richtig ist, die Übung vorerst abzubrechen und auf spätere Wiederholung zu vertagen. Der Lehrer kann dem Kinde dabei behilflich sein. Das Kind muss einsehen lernen, wie lange es im konkreten Einsatz fruchtbar ist, die Übung zu tätigen. Und es muss abspüren, wie lange es gut ist zu warten, bis die Wiederaufnahme des Übens fruchtbar ist. Solch fruchtbare Ruhe- und Wartezeit, die *Latenzzeit,* konsolidiert die Denk- und Gedächtniskraft. Sie verbindet und vertieft die inneren Zusammenhänge des Lernprozesses. Die Latenzzeit stellt die fruchtbare und aufbauende Nachwirkung der Übung dar. Darin ist alles Üben der Intuition verwandt. Die Neurophysiologie hat auf die Bedeutung solcher Latenzzeit hingewiesen. (112)

Individualisierung

Die Individualisierung der Übung stellt das Kernstück individualisierenden Unterrichts dar. Der Lernprozess des einzelnen Kindes ist in seiner ganz individuellen Eigenart zu studieren, zu pflegen und zu stützen. Das Kind muss sich selbst kennenlernen in seiner besonderen Lernkraft. Es tut gut, die wirksamen Assoziations- und Sinnzusammenhänge seiner Bewusstseinsausrichtung und seines Gedächtnisses zu erfahren und in den Griff zu bekommen. Der Lehrer sollte ihm dabei behilflich sein. Seine Aufgabe ist, die möglichen fruchtbaren Spielformen der Übung mit seinem Kinde zu erproben und ihm zu erhellendem Bewusstsein zu bringen, wie es sich selber in der Übung helfen kann. Besonders begabten Kindern ist zu zeigen, wie sie die eigenen Kräfte zu höchster Wirkkraft steigern können. Mut und Freude am eigenen Können sind zu wecken. Besondere Vorstellungshilfen können wirksam sein. Das Kind sollte merken, wie weit es aus auditivem Nachklang oder aus optischen Vorstellungsbildern heraus oder aus Sinnzusammenhängen oder innerer Anlehnung an eigene Erfahrungen Gedächtnisgegenstände behalten und erinnern kann. Es muss sich selbst versuchen. Es muss lernen, die inneren Vorstellungen zum besseren Verständnis umzulagern. Es muss spüren, wie sich der Gegenstand seinem inneren Stimmungsgrund verbinden lässt. Formen sind zu erproben, innere Belastungen abzubauen, sein eigenes Interesse zu erschließen. Alles dumpfe, mühsame Üben liegt falsch. Unlustiges, unmutiges Üben verdirbt die Lernkraft. Das Kind soll fähig werden, die eigene Übung und die eigenen Wachstumskräfte selbst wahrzunehmen und das Maß und die Form der eigenen Übung schrittweise zu verantworten. Die steigernde Kraft der Nachwirkung soll freudig wahrgenommen werden. Die Kraft der Übung ist selbst einzuüben. Und lange hat der Lehrer als Fachmann das übende Kind individuell zu leiten und zu überwachen, ehe er ihm die Übung zur eigenen, selbständigen Aufgabe überbindet. Erst wenn der Mensch die persönlichen Spielformen der eigenen Übungsmöglichkeit erfahren hat und beherrscht, soll ihm überbunden werden, sein eigenes Üben selber zu verwalten und zu verantworten. Übung als freudige Selbstentfaltung. Übung aus heiterer, geistiger Verbundenheit. (113f)

Erziehung

Erziehung

Texte aus „Der innere Weg. Mut zur Erziehung", Pro Juventute, Zürich 1989²

Der einzelne Mensch findet Sinn und Erfüllung seines Lebens nicht ohne die Kräfte der Erziehung. Erziehung ist geistige Einstellungsbildung. Erziehung ist der Weg des einzelnen Menschen zur inneren Entschiedenheit, aus geistiger Einstellung zu leben. (1)

Das Wort „Erziehung" gibt nur andeutungsweise und im übertragenen Sinne wieder, was hier als Bildungsauftrag wesentlich gemeint ist. Und auch die entsprechenden Wörter anderer Sprachen umschreiben nur in einem äußerlichen Sinn den eigentlichen Sachverhalt. Das griechische „paideuo" weist mehr auf die Führung hin, das lateinische „educere" oder „educare" auf die Überführung oder Hinüberleitung des Menschen aus einem noch ungebildeten Zustand in den reiferen Stand. So auch die abgeleiteten Wörter im Italienischen, Französischen, Englischen, in den nordischen oder slawischen Sprachen; sie alle bringen den gemeinten

Bildungsakt in Zusammenhang mit verschiedenen Tätigkeiten des Wachsens, Führens, Emporziehens. Allein, bei aller Erziehung im wesentlichen Sinn geht es um eine innere Einstellungsbildung und nicht um äußere Führung und Gewöhnung. (2)

Erziehung in diesem Sinn ist gleich für alle Menschen, für alle Völker und menschlichen Gemeinschaften, für alle Stände und Klassen. Es gibt in diesem Sinn nicht eine bürgerliche Erziehung und eine Erziehung zum Arbeiter, nicht eine katholische oder protestantische, nicht eine christliche Erziehung im Unterschied zur Erziehung in andern Religionen. Erziehung ist die gleiche für junge und alte Menschen. Erziehung in diesem Sinn erlischt nicht mit dem Heranreifen des Menschen. (1)

Erziehung hat mit äusserer Führung und Disziplin nichts zu tun. Ein Mensch kann äußerlich sehr diszipliniert und doch aus persönlicher Sicht wenig erzogen sein. Und das gegebene Gesetz erfüllen ist noch nicht notwendig ein menschlich bedeutendes Tun. Der äußerlich als ungezogen Erscheinende kann andererseits von höherem Standpunkt aus in seiner geistigen Einstellung wohlgebildet sein. Äußere Anpassung ist keine Gewähr geistiger Einstellung. Den erzogenen Menschen mag man sich nicht vorstellen aus der Sicht gesellschaftlicher oder beamteter Eingepasstheit. Das „wohlerzogene" Kind, das fein säuberlich zu essen vermag, das den Fremden gegenüber jene Gesittung zeigt, die eine feste Führung zum Gehorsam sichtbar werden lässt, steht damit außerhalb dessen, was hier als Erziehung verstanden werden soll. Der aus äusserlichen Motiven pünktliche, fleißige Schüler, der die ihm übertragenen Aufgaben sorgfältig erfüllt, zeigt damit noch nichts von echter Erziehung. Oftmals ist solche Pflichterfüllung nichts anderes als das Bedürfnis akzeptiert, bejaht, gelobt zu werden, oft auch die Angst vor Bloßstellung oder Tadel. So mancher Schüler lernt unter Druck der äußeren Forderung brav in sich hinein, wozu ihm die geistige Zuwendung fehlt. So mancher lernt an der eigentlichen inneren Forderung vorbei, um im erwarteten Wertsystem zu bestehen und voranzukommen oder um im Vergleich mit anderen hervorzutreten. Die geistige Einstellung des Menschen verdirbt in solcher Haltung. Der im wirtschaftlichen oder politischen Feld linientreue Beamte, der das System bejaht, weil es ihn trägt, ist oft nur

Vasall ihm günstiger Verhältnisse, nicht überzeugter Vertreter selbstbejahten Auftrags. So auch der Soldat, der, in das Netz unausweichlicher Forderung verstrickt, verbissen seine Pflicht tut. Äußerliche Pflichterfüllung hat mit echter Erzogenheit nichts gemein. Oft ist sie ein Deckmäntelchen geistiger Beziehungslosigkeit. (2f)

Erziehung des Menschen ist auch nicht äußere Einübung bestimmter Tugenden. Die äußere Gewöhnung an bestimmte Verhaltensweisen wie etwa Zuvorkommenheit, Freundlichkeit und Liebenswürdigkeit im Umgang mit anderen Menschen, gesittetes Betragen, Anerkennung der gesellschaftlichen Gesetze, Gerechtigkeitssinn, Tapferkeit, Ehrlichkeit, Frömmigkeit – all diese Tugenden sind als äußerliche Gewöhnung des heranwachsenden Menschen zwar willkommene Erleichterungen des menschlichen Zusammenlebens und als solche positiv zu werten – als erzieherische Kraft sind sie wesenlos. Sie haben menschliche Bedeutung nur, soweit sie von innen her, aus persönlicher Einstellung gemeint sind. (3f)

Einstellungsbildung aber ist in einem doppelten Sinne zu verstehen: als Erziehung und als Emporbildung der persönlichen Zuwendungskraft. Ausbildung, Erziehung und persönliche Emporbildung sind drei Grundweisen menschlicher Bildung überhaupt. Persönliche Emporbildung des einzelnen Menschen unterscheidet sich von seiner Erziehung darin, dass sie eine ganz individuelle Wertewelt anstrebt. Sie ist eine ganz persönliche Einstellungsbildung zu eigener Wertentfaltung. Erziehung aber ist Bildung zur Entschiedenheit im Anspruch der eigenen geistigen Haltung überhaupt. Erziehung ist darum ihrem Sinn nach für alle Menschen verbindend. Sie ist grundsätzliche Einstellung zur Geistigkeit. (7)

Geistigkeit ist verstehende Anteilnahme, elementar verstehende Liebe, die vom Partner nichts auf die eigenen Durchsetzungsbedürfnisse bezieht, sondern sich in der Hingabe an das begegnende Motivgeschehen entzündet. Darin liegt die Kraft des Staunens, der wesenhaften Einsicht, der geistigen Pflege, der Anteil nehmenden und liebenden Zuwendung. „Wir lehren Euch lieben", hatte Pestalozzi gesagt, „aber nicht eine blinde Liebe, nein, das nicht, wir lehren

Euch eine sehende Liebe". Man kann den Akt des Geistigen wohl nicht schöner umschreiben als mit diesem Wort von der „sehenden Liebe". In solch geistigem Sich-Wiederfinden und Anteilnehmen liegt zugleich die Chance des Menschen, sein Leben bedeutend und heiter zu bestehen. In solcher Verschmelzung verstehender Einsicht und liebender Hingabe liegt die Möglichkeit echter Menschenbildung. Erziehung ist Bildung des Menschen zur Heiterkeit liebender Hingabe. Bildung ist schrittweise Vermählung der Durchsetzungsmotive mit geistigen Motiven, ist Vergeistigung der Lebensbehauptungsmotive. Erziehung ist der Weg und die Festigung solch innerer Einstellungsbildung. (13)

Mit äußerer Strenge kann man nicht erziehen. Sie widerspricht dem erzieherischen Sinn und verdirbt ihn. Erziehen kann man nur aus tiefer echter Freundlichkeit. Alle Erziehung beginnt mit der Ermutigung des Menschen zu sich selbst.

Strenge

Texte aus „Der innere Weg. Mut zur Erziehung", Verlag Pro Juventute Zürich 1989²

Alle Erziehung ist streng. Wer als Erzieher nicht streng sein kann, bereitet selbst den Boden künftiger Verwahrlosung. Es gibt eine äußere Strenge und eine innere. Wer sich als Erzieher äußerer Strenge bedient, vernichtet zugleich seine Kraft, aus innerer Strenge zu wirken. (78)

Erziehung ist der Weg innerer Verpflichtung. Dass der heranwachsende junge Mensch lerne, sich freudig einzuordnen, dass er bereit sei, seine kleinen Aufgaben und Dienste auf sich zu nehmen, ist erzieherisches Erfordernis. Dass der Mensch frühzeitig lerne, seine Pflichten von sich aus zu wollen, sie als eigene Verantwortung gern zu übernehmen, dem andern Menschen und begegnender Wirklichkeit freundlich und aus geistiger Betroffenheit liebend zu begegnen, ist der eigentliche Sinn der Erziehung. Aber solche Haltung ergibt sich nicht aus äußerer Pflichtforderung. Wer den Heranwachsenden an äußere Pflichten kettet, schwächt seine Bereitschaft zur inneren Verpflichtung. Wer sich begnügt, die gesellschaftlichen Forderungen und Gesetze zu befolgen, bleibt zutiefst unerzogen. Alle äußere Pflichterfüllung setzt im erzieherischen Sinn voraus, dass sie von innen her als selbstgewollte Verpflichtung erfahren und in Anspruch genommen werde. (78)

Innere Strenge bedarf im erzieherischen Geschehen zunächst der *inneren Strenge des Erziehers selbst.* Nur sofern der Erzieher sich selbst im Hinblick auf die eigene innere Forderung treu bleibt, vermag er aus innerer Strenge zu wirken. Darin liegt, dass er im äußerlichen Bezug einen langen Atem habe, dass er sich stets auf das ihm selbst Wesentliche zurückbesinnen muss, dass er sich dem jungen Partner mehr mit seinem eigenen Sein, seiner inneren Wertewelt, seiner eigenen geistigen Liebesfähigkeit stellen muss, als mit äußeren Forderungen. Darin liegt aber auch, dass er den andern Menschen in seinem Eigensein annehmen und ertragen muss, wie er nun ist, sofern dies dessen eigener geistiger Forderung nicht widerstreitet. Den andern Menschen zu sich selbst zurückzuführen, vermag innere Strenge vor allem durch das Festbleiben im Wesentlichen der eigenen geistigen

Forderung, nicht durch äußere Formulierung der Forderung. Es gibt keine verbale Übertragung der eigenen Wertforderung auf das innere sittliche Erleben des andern Menschen. An der Offenheit und inneren Entschiedenheit des Erziehers entlang wird der junge Mensch sich wiederfinden. Darum kann nur der liebende, verstehende, für die neue Begegnungssituation offene Blick erzieherisch wirken, nicht der mahnende, strafende. Nur das immer neue Eintreten in Situationen und Bereiche, in denen der Heranwachsende den Anruf begegnender Motive neu vernimmt und fähig wird, sich ihnen zu öffnen, ruft auf zur inneren Strenge. Nicht der Rückblick auf das Versäumte, sondern der Ausblick zur neuen Liebesbezeugung wirkt erziehend. (79)

Die innere Strenge im erzieherischen Geschehen baut letztlich auf die *innere Strenge des Heranwachsenden sich selbst gegenüber.* Nur insofern kann der Erzieher Wesentliches fordern, als es sich im Grunde um die innere Forderung des Heranwachsenden selbst handelt. Er muss darum trachten, die mögliche geistige Liebeskraft des ihm anvertrauten jungen Menschen aus dessen Andeutungen und keimhaften Anlagen heraus zu vernehmen und in ihrer individuellen Eigenart zu verstehen. 11,5

Nur aus der echten Bereitschaft des Kindes, des Schülers, sich der begegnenden Sache zu unterziehen, sich der gemeinsamen Gruppenarbeit unterzuordnen, die eigene innere Forderung anzunehmen, fließt die innere Strenge zu sich selbst. Nur in dem Maße, wie der Erzieher vermag, die geistige Liebeskraft des heranwachsenden Menschen ganz konkret und in bestimmter Situation anzufachen, vermag er ihm wirklich zu helfen. Oft muss er ihm helfen, sie erst zu entdecken. Und darin liegt der große, das junge Leben begleitende Auftrag des Erziehers, in zahlreichen Spiel-, Gestaltungs- und Arbeitsformen anzuregen, die geistige Teilnahme zu wecken und wach zu halten, im gemeinsamen Schauen und Beobachten, im Entdecken der Probleme, im heuristischen, entwerfenden und schöpferischen, gemeinsam entwickelnden Denken und Gestalten die Bewegung elementaren Verstehens in Gang zu bringen und offenzuhalten. Die Strenge des Erziehers ist nur das Wachhalten der inneren Forderung seines jungen Partners. Seine Strenge ist stellvertretend für dessen inneren Aufruf. Aber gerade hier muss er ihm auch helfen, dabei zu bleiben, den inneren Aufruf ernst zu nehmen und durchzutragen, auch wenn sich Widerstände zeigen. Er muss dem jungen Menschen helfen, sich selbst gegenüber anspruchsvoll zu bleiben. (80)

Strafe

Texte aus „Der innere Weg. Mut zur Erziehung", Verlag Pro Juventute,
Zürich 1989[2]

Wo dem Erzieher echte Autorität versagt ist, reagiert er leicht mit äußerer Zucht. Daher kommt es, dass die Strafe oft als sinnvolles Mittel der Erziehung angesehen wird. Die Strafe gehört aber nicht zur Erziehung. Mit Strafen lässt sich nicht erziehen. (56)

Damit soll die Strafe nicht allgemein negiert werden. Als rechtliche, gesellschaftliche Sanktion hat sie ihren Sinn. So können strafrechtliche Ahndungen als Verweis, Arbeitsverpflichtung, Buße, Einschließung, Heimeinweisung, Gefängnis oder Zuchthaus wie auch die besonderen Ämtern übertragenen Disziplinarstrafen im gesellschaftlichen Durchsetzungsbereich notwendig sein. Sie sind aber nicht als erzieherische Maßnahmen zu werten. Die Heim-Erziehung kann erzieherisch wertvoll sein – nicht aber als Folge der Bestrafung. Soweit solche Maßnahmen Strafen sind, sind sie soziale Sicherungen, Zwangsmassnahmen zur Anerkennung und Einhaltung der sozialen Normen und Gesetze, zur Abschreckung, und nicht zuletzt Maßnahmen zur Befriedung eines sozialen Sühnebedürfnisses. (56)

Erzieherisch kann nur jenseits solcher Maßnahmen gewirkt werden. Auch im pädagogischen Prozess kann der Erzieher Maßnahmen ergreifen, die lediglich der Aufrechterhaltung der Ordnung dienen und dem jungen Menschen gegenüber keinen erzieherischen Anspruch stellen. Ihm gegenüber sind sie nur provisorische Ordnungsmaßnahmen, und man kann sich fragen, ob hier noch von eigentlichen Strafen gesprochen werden kann. (56)

Etwas anderes ist es, wenn man von eigentlichen „Erziehungsstrafen" spricht. Solche Maßnahmen sind Fehlformen der Erziehung. Als solche „Erziehungsstrafen" möchte ich jene Maßnahmen ansehen, die vom Erzieher als Reaktion auf eine Fehlhandlung oder ein Fehlverhalten des Zöglings vorgenommen werden, die den Fehlbaren in intentionaler Weise durch negative Erlebnisse zur Einsicht in die Verfehlung bringen und damit seine Einstellung bilden, seine Bereitschaft und sein Vermögen wachrufen sollen, sich zu bessern. (56f)

Wo das spezifisch negative Erlebnis solcher Strafen wegfällt, kann nicht mehr im eigentlichen Sinne von Strafen gesprochen werden. Wenn *Heimeran* in „Lehrer, die wir hatten", die hübsche Episode schildert, wie er nachmittags zur „Strafe" bei seinem Lehrer antreten muss, der ihm indes während dieses „Strafaufenthaltes" beim Tee in persönlicher Bemühung die angenehmste Unterweisung zukommen lässt, so ist das nicht als Strafe anzusehen, sondern als eine scherzhaft eingeleitete pädagogische Freundlichkeit und Hilfe. (57)

Von Strafe im erzieherischen Sinn kann auch nur gesprochen werden, sofern es sich um eine autoritär verfügte Maßnahme handelt. Die freiwillige *echte Sühne* ist nicht als Strafe anzusehen. Wo der Einsichtige seine Verfehlung selber sühnen will, handelt es sich um eine wertvolle erzieherische Kraft aus freier geistiger Einstellung heraus. Im Grunde geht es dem Fehlbaren hier um das Bedürfnis eines inneren Lebenswandels. Er will sich in neuer Weise dem geistigen Liebesdienst zuwenden. Darum nimmt er die Sühne auf sich. Den Fehlenden zur echten Sühne zu ermuntern und zu ermutigen, ist nicht Bestrafung, sondern

Hilfe. Die Scheinsühne, die Hoffnung auf Ablass und Tilgung der Schuld, ist eine erzieherische Fehlhaltung. Die autoritär verhängte Sühne ist eine Farce. Auch das Bedürfnis nach Selbstbestrafung hat mit Erziehungsstrafen nichts zu tun. In der Regel handelt es sich um ein ungeklärtes Sühnegefühl oder um eine unbewusste Verwirrung der Gefühle. Das Bedürfnis nach Selbstbestrafung kann nicht beanspruchen, echte Einstellungsbildung zu sein. Der Erzieher tut gut, die Tiefenerlebnisse, die sich darin verbergen, wachzurufen und den Erlebenden zu ermutigen, gerade in jenem Bezirk die echte Hingabe neu zu versuchen. (57f)

Die üblichen "Erziehungsstrafen" sind bei näherem Zusehen nicht nur erzieherisch wertlos, sie sind ausnahmslos abträglich. So ist die *körperliche Züchtigung* in jedem Fall ein Erziehungsfehler. Die körperliche Züchtigung ist nicht zu verwechseln mit jenem spontanen Dreinschlagen, womit Menschen oft ihrem Zorn oder ihren Aggressionen Luft machen. Wenn die Mutter ihrem Sprössling in ihrer Not gelegentlich einen Klaps verabreicht, wenn der Lehrer, sich vom "heiligen Zorn" verführen lässt, dem Tunichtgut eine Ohrfeige zu langen, so sind das relativ harmlose Entgleisungen des menschlichen Anstands. Der Täter tut gut, sich sogleich zu entschuldigen und der Getroffene wird es ihm nicht lange nachtragen. Erzieherisch gemeinte Züchtigung aber ist immer falsch. Es genügt die Stimmung, die eine Prügelszene auslöst, um ein sensibles Gemüt für lange Zeit schwer und nachteilig zu belasten. Manche Menschen erinnern sich an solche Schläge, selbst, wenn die sie sie nicht selbst, sondern Geschwister oder Kameraden erlitten haben, lebenslänglich. Die körperliche Züchtigung, welcher Art sie auch sei, von der Folter bis zum harmlosen Schlag, ist erzieherisch in jedem Falle unzweckmäßig. Sie wirkt nicht im Sinne befreundender Einstellungsbildung, sondern im Sinne der einstellungsmässig verfremdenden Fixation. Beschämung, Angst, Bloßstellung, innere Auflehnung und vor allem der schwer wieder gut zu machende Vertrauensbruch dem autoritären Erzieher gegenüber erwachen in ihrem Gefolge. Sexuelle Abwegigkeiten wie Sadismus und Masochismus und ihre zahlreichen neurotischen Spielformen können sich bei entsprechender Anlage einnisten. Schaulust, Schadenfreude oder Sensationsbedürfnisse triebhafter Art stellen sich bei den robusteren Naturen unter den Zuschauern ein, neurotisch verdrängte Ängste, Ohnmachtsgefühle aller Art bei den sensibleren Kindern. (58ff)

So sind alle "Erziehungsstrafen" wie "erzieherische Bloß-stellung", "absichtlicher Liebesentzug", "Isolierung", "Frei-heitsentzug", Arbeitsstrafen jeder Art" oder "Verzichtstrafen" pädagogische Entgleisungen. Der Erzieher tut gut, sie sämtlich aus seinem Repertoire zu streichen. (58 und 68)

Jede pädagogische Maßnahme muss freundlich bleiben. Jede Verstimmung vermeintlicher Bosheit gegenüber ist überflüs-sig. Der Unbotmäßige ist im Grunde selber ein Leidender. Sei-ne Bosheit und Aggression sind Schatten seiner Verschüttung und Kompensation. Die Festigung und Vertiefung der geisti-gen Haltung ist der Auftrag. Der Erzieher darf darum aus der grundsätzlichen Bejahung des ihm anvertrauten jungen Men-schen nicht heraustreten. Er darf das Vertrauen nicht verlieren, und wäre der junge Mensch noch so verwahrlost und aufsässig. Kinder und Jugendliche müssen spüren, dass die alles tragende Liebe des Erziehers ihrem Personkern gegenüber grundsätzlich keine Grenzen hat, dass Erziehung mit äußerer Sympathie und Antipathie nichts zu tun hat. Gerade antipathisch wirkende Kinder in ihrem belastenden Liebeshunger und ihrer verschüt-teten Geistigkeit verstehen zu lernen, ist der Auftrag. Solcher Haltung gegenüber öffnet sich letztlich jedes Kind. Nur bedarf es oft eines langen Atems und jener durchhaltenden Kraft freundlichen Verstehens und innerer Strenge. (70)

Freiheit

Texte aus „Der innere Weg. Mut zur Erziehung", Verlag Pro Juventute, Zürich 1989²

Das Freiheitsbedürfnis des Menschen erwacht zunächst aus Motiven der Lebensdurchsetzung. Ein elementarer, natürlicher Freiheitsdrang entspringt der inneren Nötigung, seine Lebensfunktionen frei zu tätigen. Allenthalben zeigt der Mensch seinen Willen zur freien Selbstentfaltung und Selbstdurchsetzung bis an jene Grenzen, da seiner Willkür durch äußere Umstände, durch die Macht anderer Menschen oder durch gesellschaftliche Vorkehrungen Schranken gesetzt sind. Dieser fundamentale Lebenswille ist erzieherisch bedeutsam. (35)

Die *elementare oder natürliche Freiheit* teilt der Mensch mit aller Natur. Alles Seiende wirkt aus dem Grund seiner inneren Motive. Das freie Walten dieser Motive erleben wir als unbehelligte Natur. Sie zeigt sich in der Schönheit des sich ausbreitenden Lichts, in den Spiegelungen des bewegten Wassers, in den freien Entfaltungen des

Feuers, in den Bildungen der Minerale, den zweckmäßigen Formungen lebendiger Gebilde, in Wachstum und Entfaltung jeder Pflanze, jedes Tieres. (35)

Alle sinnvolle Erziehung muss davon ausgehen, die elementaren, natürlichen Bedürfnisse des heranwachsenden Menschen zu bejahen und zu sichern. Der Heranwachsende muss ermutigt werden zum ungebrochenen Vertrauen, dass die elterliche Pflege ihm dieses freie Walten seiner Lebensfunktionen einräumt und sichert. Sein Mut, die Welt anzugehen, muss schrittweise gestützt, sein Lebensumkreis geweitet werden. Das setzt immer zugleich einen gewissen Mut der Eltern voraus, das noch Ungewisse im kindlichen Tun zu wagen und mitzutragen. Ängstlichkeit der Eltern wirkt lähmend auf das elementare Freiheitsbedürfnis des Kindes zurück. (36f)

Nur in dem Maße, wie der heranwachsende Mensch sich in der Liebe seiner nahen Lebenspartner geborgen weiß, vermag er die innere Wende zur eigentlichen Freiheit zu vollziehen. Nur in dem Maße vermag er die inneren Motive der begegnenden Menschen und begegnender Natur offen zu vernehmen und zu achten. Nur aus solcher Wurzel lernt er, sich aus eigenem Wollen gemeinschaftlichen Zwecken zu unterziehen. Hier ist zugleich jener Grenzbereich, der erzieherisch wirksam wird. Denn in dem Maße, wie ihm die innere Wende versagt bleibt, entbehrt er der Kraft geistiger Hingabe. Ein Bedürfnis, sich durchzusetzen, sich vorzudrängen, die verfügbare Welt an sich zu reißen, macht sich breit, der Spielraum menschlicher *Willkür*. Hier zeigen sich jene zahlreichen Aufsässigkeiten, die heranwachsende Menschen oft als erziehungschwierig zeichnen; jene Unarten, Übergriffe und Aggressionen, die aus kompensatorischem Bedürfnis heraus das Zusammenleben in Gruppen und Gemeinschaften erschweren; jener stille oder offene Widerstand zahlreicher Kinder und Jugendlicher gegen ihre Erzieher. Hier sind oft auch die Quellen jugendlicher Gewaltausübung und verbrecherischen Verhaltens. (37)

Es ist ein mühsames Geschäft, die Willkür der Menschen durch äußere Maßnahmen in die Schranken seiner natürlichen Freiheit zurückzubiegen. Mit Erziehung hat solch veräußerlichtes Bemühen nichts mehr gemein. Erziehung ist stets ein innerer Weg. (37)

Im Leben des Menschen gibt es aber auch ein ganz anders gerichtetes Freiheitsbedürfnis, das allen Freiheitswillen erst zu einer menschlich wesentlichen Haltung erhebt, eine Freiheit, die Erziehung als inneren Weg erst möglich macht. Es ist die Freiheit aus innerer geistiger Forderung, die Freiheit zur persönlichen Weise geistiger Liebe. Solche Freiheit ist von innen gesehen zugleich innigste Bindung. (37)

Erziehung des Menschen zur geistigen Grundhaltung ist zugleich Bildung zur inneren Freiheit. Die *wesentliche Freiheit des Menschen* ist innere Freiheit, Freiheit geistiger Hingabe. Sie ist nicht auf äußere Gewöhnung und Begrenzung aufzubauen und nicht auf Formen äußerer Zucht. Innere Freiheit ist nicht als Eigenschaft des Menschen zu verstehen, die ihm anhaftet wie eine umschreibbare Begabung und Fertigkeit. Sie ist ins Ganze seines Motiverlebens ausgespannte Haltung. Sie ist nur sinnvoll als doppelt gerichteter Bezug des einzelnen Menschen zu seiner inneren geistigen Forderung und zum ganzen Umkreis seiner Lebensdurchsetzung. *Kant* hatte zwischen einer positiven, intelligiblen Freiheit zu sittlichen Entscheidungen und einer negativen Freiheit als Ungebundenheit von den Umständen und den eigenen sinnlichen Triebfedern unterschieden. Freiheit von äußerem Zwang und Beschränkung von eigenen Durchsetzungsbedürfnissen empfangen erst im Zeichen einer persönlich fundamentalen geistigen Aufgabe und Grundhaltung ihren menschlich wesentlichen Sinn. Freiheit *von* äußeren Belangen und Motiven der Durchsetzung ist aus der inneren Bereitschaft *zu* geistiger Hingabe zu werten und zu fordern. Hier ist an das Wort Nietzsches zu erinnern:

„Frei nennst du dich? Deinen herrschenden Gedanken will ich hören und nicht, dass du einem Joche entronnen bist. Bist du ein solcher, der einem Joche entrinnen durfte? Es gibt manchen, der seinen letzten Wert wegwarf, als er seine Dienstbarkeit wegwarf. Frei wovon? Was schiert das Zarathustra! Hell aber soll mir dein Auge künden: frei wozu?“

Frei wozu? Das ist die entscheidende Frage nach menschlich sinnvoller Freiheit; Freiheit des einzelnen, zu tätigen, was ihm aus innerer Gewissheit geistiger Einstellung innere Forderung ist. Solche Freiheit setzt die Freiheit von dem Übergriff der eigenen Durchsetzungsmotive voraus. Zu innerer Gewissheit muss der Mensch erzogen werden, muss er sich selbst erziehen. Das ist der Sinn aller Erziehung. Freiheit, das zu tun, was die innere Forderung aus geistiger Gewissheit dem einzelnen Menschen auferlegt, macht die *Würde* des Menschen aus. Sie einzuschränken ist immer Verfehlung. Das Recht auf solche Freiheit ist das *eigentliche Menschenrecht.* Vor dieser Freiheit zurückzustehen, gibt es keine Schranken, keine äußeren und keine inneren. Wo dem Menschen diese Freiheit von außen verstellt wird, da bahnt er sich mit Recht gewaltsam seinen Weg, oft auch unter Einsatz oder Einbuße bedeutender Lebenswerte. Hier ist jene spezifisch menschliche Haltung möglich, die kein anderes Wesen dieser Erde mit ihm teilt: letztlich mit seinem eigenen Leben einzustehen für seine innere geistige Gewissheit. So starb Sokrates, so Jesus. So blieben durch alle Zeiten Menschen in ihrem Geiste fest. So kann der Mensch an jeder Wegkreuzung in seinem Alltag entscheiden. Er kann sich verfehlen; er kann zu sich stehen für die Sache geistiger Überzeugung. In diesem Sinne ist Freiheit innere Verpflichtung, Bindung an das eigene Engagement. Es ist die Freiheit des Menschen zu sich selbst, aber freilich nur, sofern sie echter Geistigkeit entspringt. Und so mancher Fanatiker mag sein Leben und das anderer sinnlos aufs Spiel setzen aus vermeintlicher Forderung, aus dem kompensatorischen Wunsche, etwas zu bedeuten, aus der Scheinoffenbarung dunkler Suggestion, aus der Anmaßung des Größenwahns. (38f)

Freiheitliche Erziehung des Kindes ist darum nicht laxes Geschehenlassen, nicht ein ungeführtes Selbersuchen und Herumprobieren im Umkreis subjektiver Werte. Das Kind kann seinen erzieherischen Weg nicht willkürlich wählen. All die Versuche, ihm im antiautoritären Feld „Freiheit" zu lassen, es im „demokratischen Spiel" an äußere Grenzen zu führen, die „Improvisation" zum Königsweg zufälligen Tuns zu wählen, gehen am energischen Anruf freiheitlicher Erziehung vorbei. Freiheitliche Erziehung des Kindes bedarf währen langer Zeit der Entfaltung vielschichtiger Begegnungsmöglichkeiten durch den Erzieher selbst, bedarf der sorgfältigen Führung und Hilfe. Es ist Sache des Erziehers, dem heranwachsenden Kinde die Beziehungen zu andern Menschen schrittweise zu weiten und es in immer neuen Begegnungssituationen die inneren Motive begegnender Wirklichkeit ahnen, verstehen und lieben zu lehren. Er muss den ersten Schritt meist selber tun, an dem entlang das Kind den fruchtbaren Boden eigener Entfaltung findet. Er muss die keimenden Kräfte auf dem spontanen Wege des Kindes entdecken. Nur freilich ist die innere Zielsetzung solcher Führung weniger vom allgemein geforderten Gegenstand her zu sehen, weniger von eigenen Wertungen und Lieblingsgedanken des Erziehers her als vom Erwachen und Aufstrahlen der kindlichen Liebeskraft selbst. Auf solch innere Betroffenheit, die der feinsinnige Erzieher jederzeit am stillen Glanz der Kinderaugen ablesen kann, ist alle Führung und therapeutische Entfaltung erzieherischen Tuns abzustimmen. Darin liegt die Kraft individualisierender Erziehung. Sie geht aus vom gemeinschaftlichen oder sachbetroffenen Tun und lauscht die inneren Chancen ab, in denen das Kind seine eigene geistige Liebeskraft entfalten kann. Sie zu stärken, sie vom Kinde selbst aus in alle Höhen möglicher Entfaltung zu erheben und zu festigen, ist der Weg zur inneren Verbindlichkeit und damit zur geistigen Freiheit des Menschen. (59)

Freie Selbsterziehung des erwachsenen Menschen ist nicht anderes. Es ist das selbständige Wachhalten solcher Liebeskraft und das Zu-sich-selber-Stehen, welche inneren und äußeren Anfechtungen auch immer dagegen stünden.

Autorität

Texte aus „Der innere Weg. Mut zur Erziehung", Verlag Pro Juventute, Zürich 1989²

Echte Autorität widerspricht nicht freiheitlicher Erziehung. Erziehung zur Freiheit ist nur möglich im Wirkfeld echter Autorität. Echte Autorität stützt und sichert die freie Einstellungsbildung. Eine unechte, angemasste Autorität schlägt hingegen alle Freiheitsbildung nieder. Das gilt sowohl für die Auswirkung unechter Autorität des einzelnen Erziehers wie für jede erzieherisch verfremdete institutionelle Forderung. (41)

Da ist zunächst die Verkehrung des Autoritätsanspruchs auf Grund *unbewältigter Durchsetzungsbedürfnisse des Erziehers selbst.* Es versteht sich, dass solche Haltung mit echter Erziehung nichts zu tun hat.

Wo dunkel bewusste oder unbewusste Insuffizienz- oder Minderwertigkeitsgefühle aus der Tiefe eigener kindlicher Entwicklung oder Lebenserfahrung im Erzieher nachklingen, erwachen leicht Kompensationsbedürfnisse solcher Art, dass er dem zu erziehenden Kinde gegenüber allerlei eigene Durchsetzungsbedürfnisse geltend macht, dass er eine autoritäre Wirkkraft für sich in Anspruch nimmt und sie dem Kinde gegenüber mit äußerer Strenge und Härte durchzusetzen sucht. Die pädagogische Führungskraft ist ihm Kompensation und Selbstbestätigung, ein Ausgleich für die verschatteten inneren Schwächen. Der Erzieher beansprucht in solchem Sinne erzieherische Autorität nicht im Dienste seines erzieherischen Auftrags, sondern als Stütze seiner eigenen Durchsetzung. In dem Maße fühlt er sich auch durch die Unbotmäßigkeit des Kindes, das ihm den Gehorsam versagt, in seiner eigenen persönlichen Würde getroffen und gekränkt. Persönliches Ressentiment führt dann zur Ahndung, die indessen erzieherisch bemäntelt wird. Der Erzieher gewinnt leicht das Gefühl, dass ihm selbst die Anerkennung seiner Autorität zukomme. Am kindlichen Gehorsam bemisst er seine Kraft. Wo solche Erwartung immer wieder enttäuscht wird, entstehen subjektive Vergeltungs- und Rachegefühle, die indessen auch noch erzieherisch getarnt werden können. (44)

Aber auch zahlreiche Eigenmachtgefühle und uneingestandene Herrschgelüste, oft auch aus kompensatorischen Tiefen genährt, mischen sich in die Autoritätsforderung der Erziehung. Unausgelebte Aggressionsbedürfnisse, sadistische und psychopathische Nuancen der eigenen Persönlichkeitsentwicklung drängen sich, dem Erzieher meist unbewusst, vor. Neurotisches Nachklingen eigener Unterdrücktheit, wirkliche oder vermeintliche Lieblosigkeit der eigenen Eltern werfen ihre Schatten auf den erzieherischen Bezug, und nur zu leicht vermählt sich dieser innere Dunkelraum der Person mit einer äußeren erzieherischen Forderung an sich selbst, wie sie dem tradierten Bild des strengen Erziehers entspricht. Und so erlebt sich der Erzieher selbst im Spiegel seiner Einflusskraft und Führungsmacht; äußere Strenge als Ausgleich des schmerzlich erlebten Unvermögens, die Kinder aus echter Autorität von innen her zu führen. (45)

Erzieherisch besonders belastend ist die unechte Autoritätsforderung, wenn sie vom *institutionalisierten Machtanspruch des gesellschaftlichen Systems* ausgeht. Der Erzieher fühlt sich dann nur als Vollstrecker der ihm übertragenen

Amtsautorität. Seine Strenge ist als Vollzug der gesetzten Ordnung gemeint. In unseren staatlichen Schulen zeigt sich eine Forderung unechter Autorität, die institutionell abgesichert, von vielen Lehrern und Eltern vertreten wird, ohne dass die volle Einsicht in die erzieherisch depravierende Wirkung, die von ihr ausgeht, sichtbar wird. Diese Fehlforderung besteht darin, die ausbildungsmässige und erzieherische Entfaltung des einzelnen Schülers nicht in seinen eigenen individuellen Möglichkeiten der geistigen Begegnung und Verwirklichung zu verankern, sondern sie in einem äußerlichen Wertsystem zu verwurzeln, das sich an fiktiven Durchschnittswerten und Durchschnittsforderungen bemisst. Dadurch entsteht ein Übergriff der allgemeinen Disziplinar- und Schulordnung auf die inneren Wege und Entfaltungsmöglichkeiten des einzelnen Kindes. Ein veräußerlichtes Pflicht- und Aufsichtssystem verschafft dieser Ordnung Nachdruck. Gesellt sich hierzu der übliche Konkurrenzsog der Schule, das Vergleichen und Selektionieren im Hinblick auf die Berechtigung zum Übertritt in qualitativ bessere Schulzüge, so appelliert das Schulsystem letztlich an die Durchsetzungsbereitschaft der Kinder und nicht an ihre geistige Einstellung. Solche Schule führt zur Bewältigungs- und Durchsetzungstaktik der Schüler und nicht zur Freiheit geistiger Einstellung. (46f)

Schwerer noch als die persönliche und institutionell abgesicherte Verfehlung aus Durchsetzungsbedürftigkeit wirkt der autoritäre Anspruch aus *ethischer Fehlkonzeption.* Ich meine den autoritären Dogmatismus und moralischen Idealismus. Denn, wenngleich offensichtlich ist, dass aus skeptischer oder relativistischer Haltung des Erziehers eine Stütze des jungen Menschen nicht zu erhoffen ist, so ist doch die dogmatische und die moralistische Haltung für die Einstellung des jungen Menschen depravierend. Denn ethischer Dogmatismus und Moralismus entspringen nicht dem liebenden Hinhören auf die inneren Nöte des heranwachsenden Partners. Sie gehen nicht aus vom individualisierenden Helferwillen. Sie meinen nicht diesen einen Menschen. Sie wurzeln im Hochhalten vermeintlich ethischer Tugend-Forderungen. (47f)

Von fremder Autorität übernommen, aus der Tiefe unbefragter Tradition begründet oder aus kindlicher Angewöhnung zu vermeintlicher Gewissheit erstarrt, setzt der *ethische Dogmatismus* seine Forderung.

Noch militanter wirkt der *idealistische Moralismus.* Hier erhebt der Erzieher selbst den Anspruch, die vertretenen Werte aus eigenem Denken gegenständlich begründen zu können. Der Erzieher steht dann mit dem eigenen persönlichen Pathos für die vertretenen Werte ein. Er glaubt, die materialen Wertungen aus Grundwerten des Menschen ableiten zu können, und gewinnt so eine Idealwelt, die er von sich selbst und dem von ihm zu erziehenden Menschen fordert. Besonders schwer wiegt solche Haltung, wenn Eltern oder Lehrer nicht nur zur Ehrfurcht solchen Scheinwerten gegenüber ermahnen, sondern zugleich an die Liebe und Dankbarkeit des Kindes appellieren. Hierdurch wird der heranwachsende Mensch leicht zur Hörigkeit genötigt und in ein falsches Schuldbewusstsein hineingetrieben. (48f)

Echte Autorität eignet jenem Menschen, der die innere Kraft hat, den Heranwachsenden, den geistig bedürftigen Menschen zu sich selbst, zu dessen eigenen inneren Forderung aufzurufen und ihn in solcher Haltung zu tragen und zu stützen. Echte Autorität ist darum immer freundlich in dem Sinn, wie ein Freund für den andern einsteht. Sie meint den Hilfsbedürftigen in seinem eigenen Wollen. Der Hilfesuchende, ja noch der Sich-selbst-Abtrünnige erkennt sie als helfende Kraft im Dienste des eigenen Willens. Persönliche, echte Autorität fordert dem Zu-sich-selbst-Aufgerufenen eine stille innere Bejahung und Ehrfurcht ab. Es ist die Ehrfurcht den geistigen Werten der eigenen inneren Forderung gegenüber, die in der Einstellung und Haltung des autoritativen Partners wiederscheinen und hochgehalten werden. Den Menschen, der echte Autorität ausstrahlt, erlebt man darum wie einen guten Freund. Man bejaht ihn aus innerem Willen. In seiner Gegenwart fühlt man sich gestützt, gehoben, gefestigt. Nichts von Untergebenheit, Unterwürfigkeit, Hörigkeit ist darinnen. Solcher Autorität fühlt man sich innerlich gleichgestellt. Gehorsam im erzieherischen Sinn schuldet der Empfangende nur eigenen inneren Forderungen gegenüber. Gehorchen ist ein Hören und inneres Horchen auf die eigenen geistigen Werte, die im Bilde autoritativer Haltung wiederscheinen. Im Grunde ist es der Appell an die eigene innere Freiheit. Autorität-Erleben ist darum etwas tief Erheiterndes und Stärkendes. Echte Autorität erleben ist Erleben innerer Freiheit. Echtes Autoritätserlebnis ist aber zugleich streng. Es offenbart die innere Strenge sich selbst gegenüber. Sie zu wahren bedarf der Erzieher jener inneren Widerstandskraft, die den Heranwachsenden vor der Verschüttung und Überwucherung durch seine eigenen Durchsetzungsbedürfnisse schützt. (51)

90

Persönliche Emporbildung

Persönliche Emporbildung

Texte aus „Syngeneia. Sinn und Wege persönlicher Emporbildung", Francke Verlag, Bern und München 1961

Bildung im Ganzen umfasst drei fundamentale Bildungsformen, die wechselseitig auf einander bezogen sind: Ausbildung, Erziehung und persönliche Emporbildung. Nur im engen Zusammenwirken dieser drei Bildungsbereiche kann Bildung im Ganzen verwirklicht werden. Es handelt sich hierbei nicht um fachlich gesonderte Zweige geistiger Entfaltung. Es sind vielmehr drei Grundhaltungen des Bildungsgeschehens, die sich am gleichen Bildungsgut entzünden können. Es sind drei Weisen pädagogischen Geschehens, die erst in ihrer wechselseitigen Durchdringung die Ganzheit persönlicher Bildung gewährleisten. (215)

Persönliche Emporbildung ist Bildung des Menschen zu verstehender und liebender Hingabe an das persönlich Verwandte. Solche Bildung ist ein Weg zu persönlicher Wertung und Einstellung. Unmerklich und in der Stille vollzieht sich solch geistige Reifung des Menschen. Aus der Weite seines Lebens fließen die diesem einen Menschen persönlich bedeutsamen Bildekräfte zusammen. Persönliche Emporbildung ist die innere Ausrichtung der Bildungsbestrebungen des Einzelnen auf individuell verstandene Aufgaben, die der Mensch oftmals nur dunkel, aber stets fordernd und sinngebend in sich vernimmt, ist stille Zurüstung seiner Möglichkeiten zur Auszeugung und Erfüllung der in ihm schlummernden individuellen Bestimmung. (215)

Bedürfen Ausbildung und Erziehung des bewussten und absichtlichen Tuns von Lehrmeister und Erzieher, so ist die persönliche Emporbildung gerade jedem willentlichen Einfluss und jeder bewussten, methodischen Ausrichtung entzogen. Dem Willen des Empfangenden wie des Gebenden enthoben und oftmals unbewusst vollzieht sich die Wirkung solcher Begegnung. Es ist das Vorbild, ein ganz persönliches, aus der Eigenwelt des Empfangenden mitgestaltetes Bild, das hier bedeutsam wird. Zugleich ist es ein personal gebundenes Werterlebnis. Nicht die Vermittlung geltender Werte spricht sich hier aus, sondern gerade das Erlebnis einer einmaligen Wertgestalt, die den eigenen, meist nur dunkel bewussten Strebungen entgegenkommt. Es ist die persönliche Begegnung der Seele mit zutiefst verwandtem, personal geformten Seelenleben, durch die die eigene Bestimmung oftmals bis in feinste Einzelheiten aufleuchten kann, um fortan als entscheidungsträchtige Kraft in der eigenen geistigen Entfaltung fortzuzeugen.

Es ist eine bildende Wirkung, die sowohl im langjährigen oder im täglichen Umgang, wie auch in einmaliger, zufälliger, äußerlich vielleicht kaum beachteter Begegnung erwachen kann. Denn einzig darauf kommt es hier an, dass verwandtes Leben sich in seinen tiefsten Eigenwerten offenbart, dass eine Seele einer andern in ihrem ganz individuellen geistigen Grunde verbunden sei. (227)

Solches Erleben ist wie ein Geschenk. Dem Empfangenden wird es zur stillen persönlichen Emporbildung. Vorbild-Erleben bedarf darum keiner absichtlichen, bewussten Führung. Unmerklich entzündet es sich am Bilde verwandten Seelenlebens. Nicht jeder Erzieher ist berufen, jedem Zögling ein Vorbild zu sein. Auch die Eltern können ihrem Kinde nicht schlechthin Vorbild sein. Nur in der Besonderheit geistiger Begegnung öffnen sich die Bildekräfte, die persönlicher Emporbildung zugrunde liegen. Aus solcher

Begegnung aber erwachen personale Kräfte in der Seele des Empfangenden, die weit hinausweisen in die Entfaltung seines Lebens. Sie steuern im Stillen und abseits von allen Bemühungen intentionaler Pädagogik die Selbstwerdung des Menschen. (227)

Die tragenden Kräfte persönlicher Emporbildung wachsen aus der Bereitschaft des Menschen sich dem Erlebnis verwandten geistigen Lebens zu öffnen und hinzugeben. Es ist dies nicht ein bewusster Akt unseres Willens, sondern eine tiefe und unmittelbare Ansprechbarkeit unserer Seele auf personal geprägtes, uns verwandtes Leben. Wie sich das einzelne Organ in der tätigen Begegnung mit der ihm verbundenen Umwelt aus der Entwicklungstiefe heraus ausformen und erschließen lässt, so reift und formt sich die Seele im Widerschein verwandten Seelenlebens. Persönliche Emporbildung ist Auszeugung eines Selbst- und Menschenbildes, das in der Begegnung mit dem seelisch verwandten Partner reift. Sie ist darum niemals der Absicht und der bewussten Methode des Erziehers anheim gestellt. Ausbildung und Erziehung sind intentionale Bildung. Persönliche Emporbildung ist funktionale Bildung. In der Stille, dem Bildungsträger wie dem empfangenden Begegnungspartner oftmals unbewusst, vollzieht sich dieses innere Wachstum der Seele, wo sich dem Heranreifenden in geschichtlicher Einmaligkeit und Besonderheit seelisch verwandtes Leben erschließt. Solche Begegnung lässt sich nicht willentlich herbeiführen. Wo sie statt hat, ist sie mitbestimmend für die weitere geistige Entfaltung des Empfangenden. (223)

Das *Selbstbild* ist die schrittweise Bewusstwerdung der inneren Bestimmung eines Menschen. Als *innere Heimat* bezeichne ich die persönliche Welt, die dem einzelnen Menschen in besonderer Weise dazu verhilft, seine geistigen Strebungen zur Entfaltung zu bringen. Während der eine in der immer wechselnden Weite der Natur Anregung und Aufruf zur verstehenden Begegnung findet, empfängt der andere in der Vertiefung ins Kleine und Nahe seine schönsten Impulse. Welcher Bereich der Natur dem Menschen den Zugang zu elementarem Verständnis öffnet, welche Farben, welche Landschaften, welche Witterung, welche Gegenstände und Lebewesen ihn anregen – dies alles ist Spiegel seiner zentralen individuellen Motive, seiner persönlichen Bestimmung. (197)

Die *innere Wertbereitschaft* zeigt sich im Umkreis der kulturellen Güter und Werte, die dem einzelnen Menschen Durchbruch zu elementarem Verstehen bedeuten. Eine besondere Form des musikalischen Genusses, eine besondere Wertewelt der Literatur, ein bestimmter Dichter oder Maler öffnen ihm in zentraler Weise den Bereich echter Begegnung. Alles Kunstschaffen entspringt der persönlichen Emporbildung des Künstlers. Darin liegt seine Besonderheit und Originalität. Jede Wissenschaft kann den Zugang zu echter Begegnung und Hingabe an das Wirkliche aufdecken. Aber nur bestimmte Fragen und Geheimnisse, bestimmte Sätze oder Gegenstände wissenschaftlicher Erfahrung rufen den einzelnen Menschen zum entscheidenden elementaren Verstehen auf. Jeder Mensch taucht ein in die unübersehbare Vielfalt der kulturellen Werte, aber nur bestimmte, individuell umschriebene Wertbereiche rufen seine persönliche Emporbildung auf. (197)

Durch die *personale Begegnungsbereitschaft* zeigt sich eine ganz individuelle innere Verbundenheit mit einzelnen Menschen. Jeder Mensch trägt eine besondere Sehnsucht in sich nach Begegnung mit seelisch verwandten Menschen.

Nicht so sehr die Verwandtschaft in Motiven der faktischen Prägung ist hier entscheidend als vielmehr der Widerhall des Begegnenden auf die intime innere Wertbereitschaft, die aus der Auseinandersetzung des Menschen mit sich selbst erfolgt. Einen solch innerlich verstehbaren Menschen muss man indessen nicht lange suchen. Ein jeder Mensch öffnet sich solch innerem Wertverständnis, gewährt man ihm nur die schrittweise Vertiefung persönlicher Begegnung. Es gibt im Bereich menschlicher Grundmotive den Fremden nicht. Fremdheit ist das Oberflächenbild des noch Unverstandenen. (197f)

Die *innere Berufung* des Menschen zeigt die persönliche Bestimmung im Spiegel seiner Wirkbereitschaft. Die Tätigkeit, die dem Menschen in zentraler Weise hilft, sich dem Begegnenden verstehend zu öffnen, macht seine innere Berufung aus. Mancher Berufstätige findet seine Berufung außerhalb seines Berufs. Mancher findet sie nie. In jeder Tätigkeit aber liegt die Möglichkeit persönlicher Begegnung. Wer in seinem alltäglichen Wirken zu elementarem Verstehen gelangt, lebt gerade da, wo ihm dies gelingt, aus innerer Berufung. In solcher Begegnung aber bekundet sich wiederum das innere Wertebild seiner selbst. (198)

So erschließt sich die persönliche Bestimmung des

Menschen wie Streiflichter im vielfältigen Raume der Möglichkeiten. Das *Selbstbild* lichtet sich quer zu allen Vorbildern im Umkreis der menschlichen Tat. Es bleibt eingewoben in den Raum seiner Wirksamkeit, in die Wertbereitschaft fruchtbarer Begegnung. (198)

Das *Menschenbild* erschließt sich dem einzelnen Menschen als sein eigenes und ganz persönliches Bewusstsein vom geistigen Auftrag des Menschen. Menschenbild und Selbstbild erscheinen beide in dynamischer und perspektivischer Schau, die vom konkreten Standpunkt des Einzelnen ausgeht und auf eine ganz persönliche Wertgestalt gerichtet bleibt. Aber sie unterscheiden sich nach ihrer Bedeutung. Das Selbstbild ist Erlebnis persönlicher Bestimmung in der aktuellen Spannung zwischen der Selbsteinstellung und faktischen Prägung der Person. Das Menschenbild aber ist Verwurzelung des Selbstbildes im Bewusstsein menschlichen Auftrags überhaupt. (201 und 210ff)

Vorbild

Texte aus (I)"Untersuchungen über das Vorbild", A. Francke AG., Bern 1949, ferner (II)"Syngeneia. Sinn und Wege persönlicher Emporbildung", Francke Verlag, Bern und München 1961 und (III)"Ethik heute" Olms, Hildesheim, Zürich, New York 2001

Die sittliche Wirkung des *Vorbilds* gehört nicht der Erziehung an. Sie ist nicht absichtliche Einwirkung. Sie vollzieht sich vielmehr als persönliche Emporbildung des Erlebenden selbst. Sie lässt sich nicht durch gute Beispiele und den Aufweis sittlicher Werte sichern. (III,294)

Das Vorbild ist in ganz anderer Weise auf die wirkende Person gerichtet als das gute Beispiel. Aus dem individuellen Lebenszusammenhang der vorbildlichen Person empfängt es seine besondere personale Bedeutung und sein Gewicht. Eine ganz bestimmte Person ist es, die durch ihre Seinsweise, durch ihre besondere Lebensart als Vorbild entscheidend wird. Das Vorbild ist ein personales Erlebnis. Das gute Beispiel aber ist bloß Veranschaulichung eines geltenden Wertes. Dieser geltende Wert ist es, der dem Beispiel Sinn und Bedeutung verleiht. Er gibt ihm Ziel und Richtung. Er setzt die allgemeine Struktur, die durch die konkrete Handlung oder Haltung wiedergegeben, die durch das sittliche Sein verkörpert wird. Diese Struktur gilt es zu veranschaulichen. Sie soll eingesehen, verstanden, bejaht werden. Die beispielgebende Person tritt in den Dienst dieses Wertes. Auf sie kommt es nicht letztlich an. Sie könnte leicht durch eine andere ersetzt werden, sofern eine andere jenen Wert in gleicher Weise zu veranschaulichen vermag. Das Vorbild aber wächst nur aus einer persönlichen Begegnung zweier individueller Lebensräume heraus. Aus allen Einzelerlebnissen, die dem Erlebnissubjekt von der vorbildlichen Gestalt entgegentreten, aus den weiten Zusammenhängen ihres Lebens verdichtet sich ihr Lebensbild. Es bedarf somit einer persönlichen Erlebnisbereitschaft des Erlebnissubjektes, die ihre Wurzeln in seinen eigenen subjektiven Wertungen hat. Das Vorbild bleibt ein subjektives Bild einer vorbildlichen Person. Das Vorbild deckt sich darum niemals mit der vorbildlichen Person. Anders das gute Beispiel. Ist der Sinn des guten Beispiels richtig durchschaut, so hat auch der Erlebende die Struktur des veranschaulichten Wertes vollständig erfasst. Das Erlebnis dessen, der sich ein Beispiel nimmt und die Wirkweise dessen, der das Beispiel gibt, decken sich in der Wertrichtung, in der Bedeutung, im Gefüge. Darum bezeichnet der Sprachgebrauch hier durchaus zu recht mit dem Wort "Beispiel" zugleich die beispielhafte Handlung, Haltung oder Seinsweise und das Erlebnis des Empfangenden.

Dem Unterschied von Vorbild und Beispiel entspricht auch eine tiefgreifende Abweichung in der Weise, wie Vorbild und Beispiel wirken. Ein gutes Beispiel kann man bewusst und willentlich herbeiführen, man kann es vorsätzlich und in bestimmter Weise wirken lassen. Ein Vorbild aber wächst aus den weiten Zusammenhängen und Voraussetzungen des subjektiven Lebens heraus. Ein Beispiel wird empfangen, wie es gegeben wurde. Niemand aber kann dem andern ein Vorbild geben. Nur aus der eigenen Nötigung des Empfangenden wächst das Vorbild am vorbildlichen Leben heran. (I,22f)

Das Vorbild-Erleben des Jugendlichen setzt eine bereits ähnlich anklingende, eigene innere Wertung voraus. Der Jugendliche empfängt das Vorbild, wo immer er sich angesprochen fühlt. Er kann es selbst nicht wählen. Unterbewusst vollzieht es sich, oft auch unbewusst, wenn die eigene vorgebildete Wertung durch vernehmbare konkrete Lebenswerte eines begegnenden Menschen oder einer lebendig erfahrenen Gestalt innerlich bestätigt oder in ihrer Bedeutung und Wirkkraft gehöht und verstärkt erscheinen. Das Vorbild ist lebendige Bejahung und Bestätigung eigener innerer Wertung. Es kann an einem bescheidenen, nebensächlichen, von andern kaum bemerkten Geschehen aufleuchten. Das besondere Lächeln eines Menschen, die hingebungsvolle Weise, einen Tisch zu decken, eine Kerze anzuzünden, der konkrete Umgang mit einem Kind, das persönliche Timbre und die Melodik in der Sprache des Sprechenden, der „eindringliche" Blick des Zuhörenden – dies alles kann im Erlebenden vorbildliche Werte wecken. Solche Werte aber sind stets zutiefst im personalen Zentrum des Handelnden verankert. Nicht das äußere Tagesgeschehen, die innere Beheimatung im Sosein und in der Einstellung des erlebten Menschen wirken sich aus. Vorbild-Erleben ist immer personal an die Besonderheit der vorbildlichen Person oder Gestalt gebunden. Es wirkt zugleich persönlich aus dem eigenen dunkel empfundenen Wertbereich. (III,294)

Echte Vorbilder stützen und festigen im heranwachsenden jungen Menschen die Kraft der sittlichen Tat. Vorbild-Wirkung hat nichts zu tun mit verführenden Idolen, mit Formen des Wunschbildes, der eigenen kompensatorischen Überhöhung und des angemaßten Machterlebens, auch nicht mit vorgestellten Idealen. Das Vorbild ist nur dann eine echte, sittliche Kraft, wenn das Bedürfnis der praktischen Nachfolge und Selbstentfaltung unmittelbar mitgegeben ist. Echte Vorbilder sind Vorläufer des eigenen Selbstbildes und Menschenbildes, der sittlich getragenen Welt- und Lebensanschauung. Sie sind die Pforte zur sittlichen Forderung an sich selbst. (III,295)

Das *Selbstbild* ist Erlebnis persönlicher Bestimmung und persönlicher Wertbereitschaft. Es unterscheidet sich von allen erlebten Vorbildern. Kein Vorbild – und mag es noch so leuchtend vor Augen stehen – vermag an die Stelle des Selbstbildes zu treten. Auch die Verbindung mehrerer Vorbilder ergibt nicht ein Selbstbild. Die Bereitschaft, in allen Belangen der Lebensführung dem Bilde anderer Menschen nachzuleben, müsste notwendig zu einer innern Verfärbung und Fälschung der sittlichen Auseinandersetzung führen.

Der Mensch würde sich in solcher Nachfolge selbst verlieren. Das Selbstbild bildet sich am Vorbild-Erleben entlang. Durch Vorbilder wird es wachgerufen. Aber die Vorbilder fließen nicht unmittelbar zum Selbstbild zusammen. An ihnen ranken sich die individuellen Motive und Wertungen empor, bis sie zu autonomer Kraft und persönlichem „inneren Halt" gelangen. Dann erst gewinnt das Selbstbild im Menschen Gestalt. (II,194)

In der persönlichen Ansprechbarkeit durch begegnende Welt findet der Mensch seine „innere Heimat", in der besonderen Ansprechbarkeit durch kulturelle Werte und Güter seine „innere Wertbereitschaft". Seine „personale Begegnungsbereitschaft" öffnet ihm die persönliche Nähe zu begegnenden Menschen. Die „innere Berufung" zeigt die persönliche Bestimmung in seiner tätigen Wirkbereitschaft. Nicht in der Vollendung seines Lebens, in der möglichen Erfüllung seiner inneren Forderung an sich selbst findet der einzelne Mensch Sinn und Zielraum seines Lebens.

Heiterkeit

Texte aus „Von der Heiterkeit", in: „Der Mensch und seine Gefühle.
Wissenschaft und Philosophie. Interdisziplinäre Studien der Universität
München", EOS Verlag, Erzabtei St. Ottilien 1985

Heiterkeit gehört den Emotionen in einem ausgezeichneten Sinne an. Vielleicht ließe sich sagen, sie sei die menschlich bedeutendste Emotion. Heiterkeit ist eine ernste Sache. (59)

Das Wort „Heiterkeit" bedarf einer gewissen Einschränkung. In der Umgangssprache kommt ihr ein weiter und vielfältig ausladender Sinn zu. Sie zeigt keine scharfe Abgrenzung andern freudigen Gefühlsregungen und Gefühlszuständen gegenüber. Sie wird oft gleichlautend verwendet mit Freude oder Fröhlichkeit, Frohmut und zahlreichen Weisen des Glücklichseins. (59f)

Hier soll Heiterkeit in einem enger umschriebenen Sinn verwendet werden. Heiterkeit mag aus der Sicht des wesentlich Menschlichen betrachtet werden. Hierdurch aber wird die überragende Bedeutung der Heiterkeit für alles Bildungsgeschehen, ja, für die Kultur im Ganzen sichtbar. Vielfältig ist das Zusammenspiel der Heiterkeit mit Gefühlen des Frohmuts, der Freude und der Fröhlichkeit. Es gibt gemischte Gefühle wie lustige Heiterkeit und heitere Lebenslust. Die lebendige Verwobenheit von Heiterkeit und Lebenslust ist hier aber zunächst zu entflechten. (60)

Bei richtiger Pflege erwacht im Menschen immer neu die urtümliche Kraft des Geistes, mitten im Strom der eigenen Bewahrungs- und Durchsetzungsmotive innezuhalten – und die begegnende Wirklichkeit oder den Ausdruck ihrer Strukturen und Figurationen in ihren Eigenmotiven zu vernehmen und zu verstehen. Für den Augenblick schweigen dann die Ansprüche des eigenen Lebens in diesem Bezug. Geistigkeit ist nicht Denkkraft, Rationalität, Kraft des Intellekts, sondern eine Liebeskraft besonderer Art, eine Vermählung von verstehender Einsicht und reiner Zuwendung. (78)

Die ursprüngliche Verwandtschaft des Menschen mit aller Wirklichkeit, die ihm zu begegnen vermag, öffnet ein elementares Verständnis für solche Wirklichkeit und weckt die *eigentümliche Stimmungsfarbe des geistigen Aktes*. Es ist ein stummes, innerliches Ahnen solcher Verbundenheit, wo immer der Mensch dem eigenen vital bedürfenden Motivfeld entbunden, in echter Begegnung steht. Wo immer er sich der Wirklichkeit als eines selbstseienden Partners, als des zutiefst Vertrauten inne wird. Wo er durch alle Fremdheit begegnender Wirklichkeit sich im Wesen verbunden weiß. Solchem Sich-Wiederfinden entspringt das Gefühl der Heiterkeit, wie es hier gemeint ist. (80)

Wer morgens die Fenster öffnet und in die Landschaft blickt, mag von solchem Gefühl berührt sein. Es ist ein Bewusstsein um innere Teilhabe am Sein der Wirklichkeit. Ein dankbares Mitschwingen ohne jeden Zugriff, ohne jedes Bedürfnis, das Begegnende für sich zu beanspruchen oder festzuhalten. Solche Erlebnisse geben sich dem Menschen spontan, am Wegesrand, wo immer Wirklichkeit sich ihm in seinem Vernehmen und Verstehen erschließt. Jeder Sonnenschein mit seinen Schatten, jede kristalline Form, jede Blüte, jede Vogelfeder, die im Licht aufklingen, die rhythmische Bewegung im Schreiten eines Tieres, jedes Kind in seinem urtümlichen Charme, der Ausdruck des Geistigen, wo immer er im menschlichen Tun und Verhalten aufglimmt, entlassen im Erlebenden ein Gefühl liebenden Verstehens – und das eben ist die Heiterkeit des Menschen. Der geistige Akt als solcher ist stets begleitet vom Gefühl der Heiterkeit. (80f)

Als Grundhaltung des Lebens ist Heiterkeit zugleich Voraussetzung künftiger geistiger Zuwendungskraft. Wie sich im geistigen Akte die heitere Stimmung schenkt, so bildet diese heitere Grundstimmung wiederum die wesentlich menschliche Kraft heran, sich künftig geistiger Hingabe zu öffnen. In der Wechselwirkung von heiterem Erleben und geistiger Zuwendung vollzieht sich der reale Bildungsweg des Menschen zur Menschlichkeit. An dieser Stelle wird Heiterkeit offenbar als Quelle aller pädagogischen Pflege und Hilfe wie der persönlichen Emporbildung. Heiterkeit ist dem Menschen Grundlage geistiger Entfaltung. (86)

Heiterkeit ist der fruchtbare Boden auf dem alles Lernen, Gestalten, Denken, alle Entdeckungs- und Erfindungskraft des Menschen erst gedeihen kann. Zu solcher Heiterkeit muss der Mensch gebildet werden. Das Leben in der Familie, das Lernen in den Schulen und Betrieben, das Lernen in den Gemeinschaften und in der Gesellschaft müssen der Festigung und Entfaltung einer heiteren Grundhaltung des Menschen Raum geben. (90)

Wo der Heranwachsende von früh auf der persönlichen Geborgenheit und Liebe entbehrt, zeigt sich die Verschüttung des persönlichen Stimmungsgrundes. Eine allgemeine *selbstbezogene Traurigkeit* bindet den stimmungsmäßig verschütteten Menschen an sich selbst und schwächt seine geistige Zuwendungskraft. (91)

Die Teilhabe der Erwachsenen am geistigen Erwachen der Kinder in Sprache und Spiel, Bewegung und Gestaltung, die Teilnahme an der Heiterkeit des Kindes selbst stützt und festigt seine Zuwendungskraft. Das Kind am eigenen, geistigen Begegnungserlebnis des Erwachsenen teilnehmen zu lassen, öffnet und weitet seine geistige Welt. Das ist der *familiäre Weg*, die individuelle Heiterkeit des Kindes zu entfalten und es in seine eigene geistige Liebe zu entlassen. (92)

Es ist heute notwendig, alle Kräfte zu vereinen, der *Schule* quer zum Durchsetzungsbedürfnis des gesellschaftlichen Lebens das wesentliche Bildungsziel, die persönliche Entfaltung der Zuwendungskraft jedes einzelnen zurückzugeben, mehr Freiheit und Heiterkeit zu erfahren. Dann wird von der Schule ein starker Impuls ausgehen, mehr Gemeinschaftskräfte und geistige Kräfte in das Leben in der Gesellschaft hineinzutragen. (93)

Aber auch für das *kulturelle Gestalten* im Ganzen ist Bildung zu Heiterkeit und echter Zuwendungskraft schlechthin die Voraussetzung. Alle Weltbegegnung, alle sinnvolle Wissenschaft und Forschung, alles echte Kunstverständnis und künstlerische Gestalten, alles philosophische und religiös-sittliche Grunderleben hat seine Wurzeln in der Heiterkeit verstehender Hingabe an die Grundmotive des Begegnenden. (94)

Sittlichkeit

Texte aus "Ethik heute. Wege sittlicher Bildung", Olms, Hildesheim, Zürich, New York 2001

Die Entfaltung des Menschen zur Kraft sittlicher Bildung ist heute dringlicher Auftrag. Sittlichkeit ist ganz persönlich. Sie wurzelt in der inneren Einstellung dieser einen Person. Sie ist dem Menschen nicht angeboren. Er muss sie in sich entfalten. "Sittlichkeit ist nicht unter zweien". Sie ist nicht übertragbar. Nicht lehrbar. Sie kann nur von innen her geweckt und gefestigt werden. Der Mensch bedarf sittlicher Vorbilder. Er muss sich aber selbst zur Mündigkeit seiner sittlichen Einstellung emporbilden. Nur der wesentlich gebildete Mensch hat sittliche Kraft. Das hat mit Gelehrsamkeit nichts zu tun. Ein einfacher Mensch kann aus hoher sittlicher Haltung leben. Und ein vielfältig Gelehrter und Ausgebildeter kann sittlich versagen. Das Wissen um Sittlichkeit ist noch nicht sittliche Kraft. (15)

Sittlichkeit ist ganz persönlich. Darin liegt der Aufruf, den andern Menschen in der Besonderheit seiner sittlichen Haltung anzunehmen und zu achten. Aber der Sinn des Sittlichen ist für alle Menschen gleich. Es gibt zwar verschiedene Schauweisen des Ethos und der Ethik. So unterschieden die Menschen, die Völker, Kulturen und Glaubensgemeinschaften sind, so verschieden, ja gegensätzlich ihr Ethos über die Länder dieser Erde und durch die Entwicklungszeiten der Menschen hindurch ausgespannt ist - der Sinn des Sittlichen ist in seinem Kern immer der gleiche. Er gilt für alle Altersstufen, für alle Zeitalter der Geschichte, für alle Stände, Klassen und Völker des Menschen. (15)

Hier soll zwischen Ethos, Ethik und Sittlichkeit (Ethiké) unterschieden werden. Als *Ethos* (griechisch: Sitte, Brauch, Gewohnheit) auch *Moral* (lateinisch: mores = Sitten; moralis = die Sitten betreffend) bezeichne ich ein in Tradition wurzelndes, gewohnheitsmäßig verbindendes Sittenbewusstsein. Das Ethos, aus dem der einzelne Mensch in seiner sittlichen Einstellung vielfältig mitbestimmt ist, ist hineingebannt in historische und persönliche Erfahrungen der Familie, Sippe oder Volksgruppe, in religiöse und mythische Glaubensformen und denkerische Vorstellungen erlebter Gemeinschaft. In solch konkreter Vielfalt erhalten sich gemeinsame Verhaltensformen, Sitten und Gebräuche,

Spielweisen, Feste und Feiern der Glaubensgemeinschaft und des Volkstums. Solches, den Sitten gemäßes Ethos spiegelt sich vielfach in den rechtlichen Satzungen und Geboten der Völker und Staaten. Im Laufe der Zeiten wandeln sich oft Sinn und Form der Sitten. Sprache und Volkskunst, Natur- und Lebensanschauung geben ihnen immer neuen Ausdruck. Aber tradierte Sitte ist nicht schon Sittlichkeit. Ursprüngliche, tief wurzelnde Empfindungen können im gemeinsamen Ethos wiederklingen, sich darin spiegeln. Dann verklärt und trägt die eingeborene Sittlichkeit die tradierten Formen. Der einzelne findet seine eigenen sittlichen Grundhaltungen in solchem Ethos getragen. Sittlichkeit kann aber im einzelnen Menschen dem verbindenden Ethos auch widersprechen. Dann übersteigt er aus persönlicher sittlicher Haltung die ihm überkommenen Anschauungen und Sitten. Bedeutende Stifter und Erneuerer der Kultur und die maßgebenden Menschen der Geistesge-schichte waren immer solch selbständige, aus eigener Sittlichkeit schöpfende Einzelne. Wie ein bunter Teppich liegt die Vielfalt des menschlichen Ethos über die Welt der Menschen gespannt. Die sittlichen Kräfte aus dem Ethos früherer Zeiten oder fremder Kulturkreise herauszuhören und zu verstehen ist oft sehr erschwert. (15f)

Ethik ist die Lehre vom Sittlichen, nicht vom Ethos. Ethik ist der immer neue Versuch, den Sinn des Sittlichen zu begründen und zu umschreiben. Auch die Ethik weist eine Vielfalt unterschiedlicher Auffassungen und Darstellungen auf. Denn je nachdem, wie sie das Sittliche in bestimmte persönliche, religiöse oder theologische Anschauungen, in Weisen des Naturrechts oder philosophische Welt- und Lebensauffassungen, in psychologische oder soziologische Schauweisen kleidet, ist der Versuch der Begründung und Umschreibung des Sittlichen anders. Schon die besondere Sprache fasst seinen Sinn unterschiedlich auf und verwebt ihn dem gelebten Ethos und geschichtlich umschriebener Erfahrung. Allein, den eigentlichen Sinn des Sittlichen aufzudecken und durch alle vorgegebenen Wertungen hindurch vernehmlich werden zu lassen, ist wesentlicher Zielraum aller echten Ethik. Es gibt auch Fehlformen der Ethik. Sie kann im Wertefeld verzeichnet sein oder speziellem Ethos verfallen. Oder sie entspringt persönlichem Ressentiment. Sie kann selbst Unsittliches als fruchtbar und tugendhaft anpreisen, die Anmaßung des Unsittlichen verdecken und das sittlich Verfehlte als rechtens und erlaubt erklären. Aber durch allen Widersinn und Irrtum spricht das

Sittliche für sich selbst. So wie in einem guten Roman oder in vielschichtiger Biographie der Sinn des Sittlichen jederzeit ungetrübt durch alles Straucheln und Irren, durch Schwäche und Verfallenheit menschlichen Tuns unversehrt hindurchscheint, wie sich der gute Autor selbst durch seine Erzählungen und Darstellungen hindurch, sofern er aus Künstlerischem schöpft, jederzeit in seiner ungebeugten Sittlichkeit erweist, so liegt das Sittliche jeder sinnvollen Ethik ungebrochen, doch vielfach auch unerkannt und ungehoben, selbst zum Grunde. (17f)

Sittlichkeit, Ethiké, ist für alle Menschen gleich. Denn Sittlichkeit ist die innere Bejahung und das tätige Austragen des wesentlich Menschlichen selbst im Leben des einzelnen Menschen. Dieses wesentlich Menschliche soll hier als das "Geistige" im Menschen umschrieben werden. Sittlichkeit ist die im einzelnen Menschen ausgezeugte unmittelbare Bereitschaft und Fähigkeit, sich im Hinblick auf die Begegnung mit der Wirklichkeit der Welt und des andern Menschen aus "geistiger" Einstellung heraus zu verhalten und zu handeln. Sie wurzelt in der inneren geistigen Einstellung der Person. Sittlichkeit ist eine persönliche Haltung des einzelnen Menschen. Nur aus seinem eigenen Innenleben kann sie erwachen. Sie vermag nicht von außen gefordert oder befohlen zu werden. Eine Pflichttafel der Menschheit muss notwendig versagen. Sittlichkeit ist nur "von Angesicht zu Angesicht" vernehmlich. Sie ist durch das Gesetz nicht zu erzwingen, durch Anreiz, Lob und Belohnung, durch Furcht, Tadel und Strafe nicht zu gewinnen. Sie ist durch äußere Maßnahmen nicht zu erziehen. Die sittliche Handlung ist ein unmittelbarer geistiger Akt. Sie bedarf der inneren Weckung, Stütze und Aufbereitung, um wirksam zu werden. Nur aus geistiger Betroffenheit erwacht das Sittliche im Menschen. (17f)

Der Mensch ist nicht dadurch gut, dass er das Gute will, sondern dadurch, dass er aus unmittelbarer geistiger Zuwendung und persönlicher Anteilnahme das Begegnende in dessen wesentlichem Bedürfnis fördert und stützt. Das Gute, das er tut, ist nicht Folge seiner Absicht, Gutes zu tun. Sein guter Wille entspringt geistiger Betroffenheit. Wer aus solcher Hingabe Gutes tut, empfindet sich selbst in solchem Tun nicht als gut, sondern als verstehend, helfend, Anteil nehmend. Er weiß um seine Liebe, aber er misst sie sich nicht zu als Verdienst. In der Regel vermeint er, nicht alles ihm Mögliche in der helfenden Bemühung getan zu haben. Von innen her vernimmt er den liebenden Aufruf zur Tat. Von außen gesehen, erscheint seine Handlung gut. Der Mensch wird nicht dadurch sittlich gut, dass er das Gute einsieht und für sein Wollen und Tun in Anspruch nimmt. Nicht dass er das Gute weiß, macht ihn sittlich gut. Nicht die Übung des Willens, nicht der innere Gehorsam wecken seine sittlichen Kräfte. Gute Handlungen fließen aus seiner sittlichen Grundhaltung, aus seiner sittlichen Einstellung. (37f)

Der Mensch wird als Persönlichkeit sittlich gut, insoweit er die geistige Zuwendungskraft in sich selbst weitet und entfaltet. Das erreicht er nur durch die innere Wandlung und Auflichtung seiner Grundgestimmtheit und seines Motivgrundes überhaupt. Nur in dem Maße, wie er sein eigenes Durchsetzungsbedürfnis in konkreter Begegnung und Zuwendung zu übersteigen vermag, gewinnt er sittliche Kräfte. Nur dadurch wird er fähig, den ihm begegnenden oder verbundenen Menschen, das ihm Begegnende schlechthin, in deren eigenen wesentlichen Motiven zu verstehen und sich ihnen anteilnehmend, helfend, fördernd zuzuwenden. (38)

Die Emporbildung sittlicher Kräfte geschieht darum nicht durch Anweisung des Guten, nicht durch dargebotene Bilder und Beispiele guter Menschen, nicht durch Willensübung und Gewöhnung. Emporbildung des Menschen zu sittlichen Kräften setzt ein Doppeltes voraus: die Befähigung, seine eigene Lebensbedürftigkeit aus konkretem Anruf zu übersteigen und die Weckung und Stärkung des geistigen Bewusstseins und Zuwendungsvermögens selbst. Die eigene Lebensbedürftigkeit vermag der Mensch nur zu übersteigen, wenn er sich selber geborgen, geliebt, getragen weiß, wenn er in seiner persönlichen Grundstimmung erfüllt und geläutert ist. Wenn der Mensch in seiner Grundgestimmtheit verschüttet ist, versiegt seine geistige Zuwendungskraft. Er vermag den Weg geistiger Menschheitsentwicklung in seiner individuellen Entfaltung nicht zu vollziehen. Bei aller scheinsittlichen Bemühung um liebende Hinwendung, bleibt er unbewusst an seine eigene Durchsetzungsmotivation gebunden. Die Weckung geistiger Kräfte aber geschieht durch auflichtende, tätige Liebe und Vorbild. (38)

Grundlagen

Intuition

Texte aus „Von der Innerlichkeit des Wirklichen. Philosophie der geistigen Zuwendung und Bildung", Olms, Hildesheim, Zürich, New York 2009

Als „Intuition" umschreibe ich hier das verdichtete Motiv-Verstehen. Intuition ist für alle Bildung, ja, für alle wesentliche Menschenbildung, von entscheidender Bedeutung. Sie ist auch im ästhetischen und künstlerischen, in allem philosophischen und wissenschaftlichen schöpferischen Denken, in Mathematik und Technik, im Lernen, Üben und Forschen unverzichtbar. Sie ist die Wurzel entdeckungs- und erfindungsreichen Denkens und Handelns. Sie ist vertiefte Innerlichkeits-Erkenntnis aus geistiger Zuwendung. (199)

Die Erforschung wirklicher Zusammenhänge im Hinblick auf die Einsicht in die zugrunde liegenden Motive – insbesondere in allem Zusammenhang mit dem Verstehen des einzelnen Menschen und seiner Eigenheiten – setzt immer eine weitschichtige Sammlung, Sichtung und Wertung des vorgefundenen „Materials" voraus. Wo Vielfalt und Widerstände und Probleme das Verständnis verdunkeln, lässt sich die Lösung selten im systematischen Vorgehen erzwingen. Da wird es notwendig, sich einer *motiv-offenen Sammlung* hinzugeben, die der Vielheit des Vorgefundenen in verschiedenen Richtungen Raum gibt, die ganz unterschiedlichen Möglichkeiten in langfristiger Begleitung nachgeht und die verschiedensten Wege prüft, ohne sich an die Vielfalt zu verlieren und ohne das Ergebnis und die Lösung kurzfristig zu erzwingen. „Motiv-offen" mag ein solcher Weg genannt werden im Hinblick auf die innere Bereitschaft, die Fragestimmung für das Einsehen der entscheidenden Kernmotive, die dem untersuchten Sachbestand zugrunde liegen, wach zu halten. Solche Sammlung setzt immer zugleich eine *innere Sammlung und besondere Haltung* des Forschenden voraus, sich dem wirklichen Geschehen immer wieder neu und aus lebendiger Teilnahme hinzugeben. Gerade diese Zugewandtheit und unvoreingenommene Begleitung lässt die innere Fülle und Vielfalt der wirkenden Motive immer wieder neu aufschwingen und führt zur stillen Verdichtung des Verstehens. Und schon hierin liegt - wie alle Vertreter einer verstehenden Intuitionslehre aufgezeigt haben - dass der Forschende der begegnenden Wirklichkeit in liebender Zuwendung gegenüber stehe, dass sein Forschen zugleich eine geistige Bereitschaft öffne, die ihn dem Gegenstand seines Forschens befreundet und verbindet. Motiv-offene Sammlung ist der bildungsmäßig entfaltbare Bereich im intuitiven Geschehen. Ihr ist in allem schulischen Lernen besonders Sorge zu tragen. (211)

Der Durchblick auf die wirklichen Impulse und entscheidenden Ursachen aber gibt sich in der Regel erst nach einer gewissen Ruhezeit. Es ist die latente Zeit des *„fruchtbaren Wartens"*. Solches Warten ist nicht ein absichtliches Nichtstun. Es ist vielmehr ein aus unterbewusster und unbewusster innerer Erwartungsstimmung und Hörbereitschaft lebendiger Suchprozess. Es ist das innere Reifungsgeschehen, aus dem das ganze Forschungsfeld unbewusst aus neuer Bedeutungstiefe erwogen wird. Aus solch stillem, inneren Wachstum findet sich auch alle Übung in ihrer Verbundenheit verstärkt und ausgereift. Solche Kraftbildung lässt sich nicht willentlich herbeiführen. Sie bedarf vielmehr einer lauteren, ungestörten Offenheit und inneren Zugewandtheit. Das ist der Grund dafür, dass schöpferisches

Denken, Handeln und Gestalten nach der bewussten und willentlichen Übungsarbeit und Suche einer eigenen Latenzzeit bedarf. Solches Warten und Ruhen entspricht auch dem Reifungsprozess im neurophysischen Geschehen. (211)

Der schöpferische Durchbruch der Einsicht, die aufflammende „*Intuition*", gibt sich unerwartet und ungerufen aus solch vorlaufender Verdichtung. Sie überrascht den Suchenden und Übenden in der Regel durch eine ganz neue und komplexe Schauweise. Der Erlebende fühlt sich beschenkt und wie von außen oder aus göttlicher Fügung erleuchtet. Die neue Einsicht strahlt zugleich aus und erhellt verschiedenste Probleme und Fähigkeiten in ihrem Umkreis. Sie ist nicht „Inspiration". Sie ist ein von innen gelenkter schöpferischer Durchblick in eigene Innerlichkeit und begegnende Wirklichkeit. (211f)

Intuitives Verstehen setzt in jedem Fall noch eine nachgehende Festigung, eine „*Verifikation*" des neu Gefundenen und seine Ausformung zur sprachlichen Mitteilbarkeit oder ästhetischen Formung voraus. Solche „Bewahrheitung" ist durch begriffliches und systematisches Denken nicht zu erreichen, obwohl die diskursive Analyse hilfreich sein kann. Die Wahrheit intuitiven Denkens gibt sich vor allem durch die vielfältige Bewährung in aller mitverbundenen Tätigkeit und Praktik. (212)

Das intuitive Verstehen ist auch der tragende Boden aller *Übung*. Alle ästhetische und künstlerische Übung lebt aus solch verstehender Reifung. Aber auch alles persönliche Lernen im Alltag, im Beruf und in allen schulischen Belangen ist im Tiefenbezug ein Reifungsgeschehen aus intuitivem Verstehen. Ja, die Entfaltung der Persönlichkeit, alle eigentliche Menschenbildung, wird aus solchem Verstehen genährt und getragen. (212)

Von den Motiven

Texte aus (I)"Syngeneia. Sinn und Wege persönlicher Emporbildung",
Francke Verlag Bern und München 1961; ferner: (II)"Von der Inner-
lichkeit des Wirklichen. Philosophie der geistigen Zuwendung und Bil-
dung", Georg Olms Verlag, Hildesheim, Zürich, New York 2007

Für das Verständnis der Innerlichkeit des Wirklichen ist die Bemühung unumgänglich, Sinn und Bedeutung der inneren Motive alles Geschehens einzusehen. Das Verständnis begegnender Welt und des begegnenden Menschen hängt weitgehend vom Verstehen der bekundeten Motive ab. Das Lächeln eines Menschen versteht man in dem Maße, wie man die inneren Motive dieses Lächelns vernimmt. Den Ruf eines Vogels versteht man erst aus den vernehmbaren Motiven, die seiner Äußerung zugrunde liegen. Die Motive des Wirklichen zu verstehen verbindet uns der Wirklichkeit. (II,120f)

Aus der Sicht auf die Innerlichkeit alles Wirklichen ist hier der Begriff des „Motivs" als *innerer Beweggrund alles Geschehens* anzusehen. Alles Wirkliche wirkt auf Grund innerer Motive. Der Begriff des Motivs soll hier sehr weit genommen werden. Motive eignen in diesem Sinn nicht nur den höheren organisierten Wesen, sie sind auch allen *elementaren Subjekten,* sie sind aller Natur eigen. Als „Subjekt" bezeichne ich ein Wesen, das weitgehend aus sich selbst heraus, auf Grund seiner eigenen inneren Motive tätig ist. Was immer als selbständiges Subjekt aus inneren Motiven wirkt, stellt sich als Wirklichkeit dar. Wirklichkeit ist nur in der Tätigkeit solcher Subjekte. (II,121)

Motive anorganischer Natur

Als „elementare Subjekte" umschreibe ich die anorganischen, motivärmsten Wesen alles Wirklichen. Sie sind nicht materiell zu denken. Alle „Materie" stellt ein spannungsreiches Zusammenwirken elementarer Subjekte dar. Solche Subjekte sind Kraftwesen, die in ihrer Feinheit und ihrem inneren Bezug, ihrem Zeit- und Raumentwurf dem menschlichen Wahrnehmungs- und Vorstellungsvermögen bei Weitem nicht fassbar sind. Und doch ist es notwendig anzunehmen, dass es sie gibt, und dass sie Träger bedeutender Kräfte sind. Wirkliches Geschehen kann sich nicht ohne Subjekt, ohne Träger des Geschehens, ereignen. Damit aber ein Subjekt aus sich selbst heraus wirksam sei, bedarf es der

128

inneren Beweggründe, der inneren Aktions-Impulse solcher Wirksamkeit. Diese inneren Beweggründe, wie immer sie wirken mögen, bezeichne ich als „Motiv". Wird ein Subjekt von „außen" angeregt, unterliegt es auch den „inneren" Beweggründen jener äußeren Kräfte. Dass so etwas wie eine gegenseitige Anziehung als Fernwirkung überhaupt geschehen kann, setzt – wie immer sich das vermittelnde Agens auswirkt – innere Gründe voraus. Es setzt innere Motive als Funktionsimpulse, als Bereitschaft und Ansprechbarkeit der betroffenen Subjekte voraus. So erfordern auch die inneren Anziehungs- und Abstoßungskräfte der elektrischen und magnetischen Wirkungen sowie der schwachen Bindungs- und Wechselwirkungskräfte innere Motive ihres Wirkens. Sie sind nicht auf äußere Ursachen abdeckbar. Wenn die starke Wechselwirkung der Atom-Kräfte auf die Abstrahlung von Austauschteilchen zurückgeführt wird, so setzt diese Strahlung selbst die inneren Anziehungskräfte voraus. (II,221ff)

Es bedarf einer besonderen geistigen Anstrengung, die Beweggründe anorganischen Geschehens von den Formen eines lebendigen Motivfeldes abzugrenzen. Die Sprache fällt in diesem Bezug leicht in vertraute Zusammenhänge der Motivationspsychologie zurück. Dem anorganischen Geschehen ist nicht ein innerer, dem lebendigen Motivfeld gleichender „Triebdrang" zuzusprechen, nicht ein „Bedürfnis", wie es sich im unterbewussten oder aktual-bewussten Motiv lebender Wesen äußert. Anorganisch wirksame Motive sind in dem Sinn elementar, dass sie die komplexe Motiventwicklung lebender Wesen nicht vorweg nehmen. Und doch gibt es im Hinblick auf anorganisches Geschehen so etwas, wie innere Nötigung, wie inneren Anlass und innere Voraussetzung, denen das anorganische Wirken entspringt. Darin liegen die Innerlichkeit und der innere Beweggrund jeglichen Naturgeschehens, dass ihre Aktionen und Reaktionen, ihre Tätigkeiten und ihr Empfängnisvermögen in spontaner Weise von innen her impulsgebend sind. (II,124)

Die anorganisch komplexen, mineralischen, aber auch die organischen, vegetativen und animalischen, wie auch die menschlichen Wesen sind alle zutiefst den elementaren Subjekten und ihren Motiven verbunden. Darin liegt die Verwandtschaft alles Seienden, die Begegnungsmöglichkeit und aktive Durchdringung im Licht-, Atmungs- und Nahrungsprozess, wie auch die Möglichkeit eines dem Leben selbst dienenden elementaren Verstehens über alle Entwicklungsstufen hinweg. In solcher Motiv-Verwandtschaft liegt auch die mögliche Einwirkung psychischer Impulse auf das Physische im Organ. (II,124)

Motive des Lebendigen

Die uns aus aktivem Leben vertrauten psychischen Motive setzen ein dunkel bewusstes Bedürfnisfeld voraus. Pflanzen sind ihrer Umwelt und insbesondere ihrer nachbarlichen Wirklichkeit vernehmend zugewandt. Tiere leben aus vitalem Bewusstsein. Menschen entfalten darüber hinaus auch geistige Zuwendungskraft. Die Motive des Lebendigen werden im unmittelbaren Ausdruck erfahrbar. Pflanzen zeigen ihren inneren Zustand im Wachsen und Welken. Das Bellen des Hundes verrät viel von seinem inneren Triebfeld. Dem echten mimischen Ausdruck des Menschen liegen vernehmbare Gestimmtheiten der Seele zugrunde. (I,69)

Im Hinblick auf die Zeittiefe der Veranlagung möchtc ich zwischen Grundmotiven, individuellen Motiven und aktuellen Motivationen unterscheiden.

Als „*Grundmotive*" umschreibe ich die im Bereich der lebendigen Subjekte phylogenetisch verankerten Motive. Sie sichern als Lebensbewahrungs- und Durchsetzungskräfte das individuelle Leben und die Fortpflanzung ab und verbinden zugleich die Einzelwesen einer Gattung untereinander. Sie stiften auch die weitreichende Lebensdurchdringung mit aller übrigen Wirklichkeit. So sind die Lebewesen durch ihre Nahrungsbedürfnisse und Lebensdurchsetzungsmotive weitgehend auf einander und auf anorganische Kräfte bezogen. Leben lebt aus anorganischen Kräften und aus anderem Leben und grenzt sich gegen anderes Leben ab. Darin liegt die vitale Durchsetzungsmotivation alles Lebendigen. (II,125)

Im Menschen aber zeigt sich wiederum ein bedeutender Unterschied im Bereich der Grundmotive selbst. Es liegt im Wesen der menschlichen Grundmotive, und das macht das Eigentliche im Menschen aus, dass er quer zu allen Bewahrungs- und Durchsetzungsmotiven des Lebendigen ein Verstehen ganz anderer Art in seinem Bewusstsein entfaltete: das Verstehen aus *menschlicher Geistigkeit*. Die Unterscheidung der vitalen Durchsetzungsmotive und der geistigen Zuwendungsmotive im Leben des Menschen zeigt das entscheidend Neue, ja, das wesentlich Menschliche im Menschen. Solch geistige Grundmotive sind ein Bereich von im Menschen aus großer Zeittiefe angelegten und entfalteten Kräfte. Sie ermöglichen die begegnende Welt und den andern begegnenden Menschen nicht allein aus den Bewahrungs- und Durchsetzungsmotiven des eigenen Lebens zu verstehen, sondern aus jenen, dem Begegnenden selbst eignenden inneren Motiven. Es ist dies die Kraft der *geistigen Zuwendung.* Man könnte sagen, das Aufkommen der geistigen Grundmotive im Menschen sei der eigentliche Weg der Menschwerdung. Die Möglichkeit wesentlicher Entfaltung in der sozialen und kulturellen Wertwelt der Menschen ist die Läuterung und Festigung seiner geistigen Motive. *Menschenbildung* ist schrittweise Vergeistigung seiner inneren Motive. (II,125f)

Individuelle Motive

Die individuelle und konkrete Ausprägung, Entfaltung und Ausformung der Grundmotive, die Ontogenese des Einzelwesens, umschreibt das Wirken seiner individuellen Motive. Jedes ganzheitlich individuierte Einzelwesen zeigt die individuelle Form solcher Entfaltung. Solch individuelle Ausformung und Tätigung eignet im besonderen Maße den höher entfalteten Wesen. Aber auch jede Pflanze zeigt in ihrem Wachstum und ihrer Reifung und im Zusammenspiel mit ihrer Umwelt die Besonderheiten der ihr aus ihren arteigenen Grundmotiven erwachsenden individuell möglichen Formkräfte. Im tierischen Bereich ist solche Individualisierung schon stark ausgeformt. Jede Fliege zeigt im Anflug ihrer Nahrungsfelder und in der besonderen Weise ihrer aus eigener Erfahrung gewonnenen Annäherung und Lebensabschützung ihre selbst entfalteten individuellen Motive. Jeder Hund hat seinen ganz eigenen Charakter. Aber erst im Menschen gewinnt das Feld der individuellen Motive jene entscheidende und für alle Persönlichkeitsentwicklung tragende Bedeutung, durch die der Einzelne aus Veranlagung, Erfahrung und Bildung seine ganz eigenen Formkräfte entwirft. Hier ist im Menschlichen die große Bedeutung des individuellen Motivverstehens verankert. (I,71)

Aktuelle Motivationen

Als aktuelle Motivationen möchte ich die den Handlungen zugrunde liegenden, unmittelbaren Impulse bezeichnen. Aus den konkreten Voraussetzungen der Umwelt und den vielseitigen Bezügen der Situation heraus, aber auch durch das weite Feld vorgegebener Grundmotive vorentworfen und durch die individuelle Erfahrung des Einzelnen vorgeprägt, wirken sich die aktuellen Motivationen auf die gegenwärtige Handlung aus. Alles spontane Tun fließt aus aktuellen Motivationen. Das ist die Aktualgenese jeder Handlung und Tätigkeit. Die Unmittelbarkeit und schöpferische Kraft menschlicher Tätigkeit, aller ästhetische und künstlerische Ausdruck, aber auch alle sittliche Zuwendungskraft fließen aus solch konkreter Spontaneität. Alles intentionale Sprechen setzt den Vorentwurf der Wortfolge und die unmittelbare Aktivierung der Sprechmotorik voraus. Alles Bildungsgeschehen hat in den aktuellen Motivationen des Lernenden seinen fruchtbaren Boden. Aber für alle Bildung und alle personale Hilfe, ja für alles schöpferische Tun des Menschen ist es von großer Bedeutung, dass nicht bloß ein Oberflächenfeld der aktuellen Motivationen verstanden wird und zur Wirkung kommt, sondern dass sich durch die

aktuellen Motivationen hindurch zugleich der Bedeutungs-
raum der entsprechenden menschlichen und als Wirklichkeit
erfahrenen Grundmotive, sowie auch der lebensgeschicht-
lich individuierten Motive der Person bekunden und auftun.
Darin liegt auch der Tiefenbezug alles aktuellen Tuns im
menschlichen Leben, dass es aus dem Entwicklungs- und
Erfahrungsfeld grundlegender Motive und individualisierter
Erlebnis- und Erfahrungsquellen fließt. Alles bedeutende
Tun wurzelt in der Zeittiefe der Person und im fruchtbaren
Abgrund der Seele. Eine individualisierende Pädagogik
wirkt nicht bloß aus situations- und gesellschaftsgegebenen
Forderungen, nicht auf Grund der gegenwärtig aktuell er-
fassbaren Motivationen des Lernenden, sondern aus dem
Tiefenverständnis der Grundmotive und aus der sinnvollen
Entfaltung der individuellen Motive heraus. Alles künstleri-
sche Schaffen finden in jenen Tiefenschichten seine eigent-
liche Wurzel und seinen menschlichen und künstlerischen
Wert. (II,126f)

Leben

Texte aus "Von der Innerlichkeit des Wirklichen. Philosophie der geistigen Zuwendung und Bildung", Georg Olms, Hildesheim, Zürich, New York 2007

Ein Blick auf das Leben, wie es uns in seinen vielen Formen vertraut ist, zeigt einerseits, dass Leben aus bloß mechanischen Mischungen vororganischer Grundstoffe nicht entstehen kann. Die Entstehung von Leben setzt das vorlaufende Aufkommen einer inneren Lebensmotivation voraus. Andrerseits zeigt sich, dass zufällige Mutationen des genetischen Codes den für das Leben sinnvollen, überaus komplexen und gegenseitig verschränkten Aufbau der Organe nicht gewährleisten können. Jeder Mutation gehen zudem lebentragende Organisationen des Lebewesens immer schon voraus. Und darum wird es notwendig, sich der Besonderheit der Lebensmotive und ihrer Bedeutung zu vergewissern, um einzusehen, wie weitgehend Leben aus seiner Innerlichkeit heraus entsteht, sich organisiert und wirkt. (135)

Erst aus dem Wirken überdachender Subjekte und ihrer Eigenmotive heraus geht der Aufbruch zum Leben als eine neue Seinsstufe des Wirklichen hervor. Ein solches *Subjekt* soll hier im umfassenden Sinn als „*Seele*"(Psyche) bezeichnet werden. Nicht sei damit schon eine Weise bewussten Lebens gemeint. Nicht erst die bewussten Funktionen umschreiben Lebendigkeit und Tätigkeit der Seele. Sondern im weiten Umfang des Lebendigen sei hier ein Subjekt umschrieben, das aus vielfältigen Spannungen vorgegebener elementarer und auch vitaler Subjekte und ihrer Motivkräfte herauswachsend, zu einem neuen, ganzheitlich auf sich selbst bezogenen Motivfeld gelangt. In diesem allgemeinen Sinn kommen allen lebenden Wesen seelische Kräfte zu, den Einzellern, den Pflanzen, allen, auch den einfachsten tierischen Lebewesen. So auch wirkt die Seele des Menschen. Die Seele ist in diesem Sinn das Subjekt, dem der innere zentral auf sich selbst gerichtete Motiventwurf des Lebewesens zugrunde liegt. Im eigenen, zum Ganzen zentrierten Motivfeld der Seele wurzeln vor allem Selbstentfaltung, Selbstbewahrung, Selbstgestaltung, natürliche Heil- und Regenerationskraft, wie auch Fortzeugung des Lebewesens und Tendenzen zur Erhaltung der Lebensgruppe. Das

Aufkommen des Lebens ist zugleich der ursprüngliche Durchbruch des Egoismus und Sozialegoismus alles Lebendigen. Auch die elementaren, anorganischen Subjekte zeigen innere Motive, wirksame Anziehungs- und Abstoßungskräfte. Aber sie beziehen sie nicht auf die innere Einheit und Gestaltung eines umspannenden, autonomen Subjekts. Die Seele ist im hier gemeinten Sinn ein lebendiges Subjekt, das einerseits seine Kräfte an dem weiten Feld aufeinander bezogener, lebensmotivierender Subjekte entlang entfaltet, andrerseits – zur autonomen Kraft zusammengewachsen – zahlreiche elementare Subjekte und deren Funktionen zum eigenen Wirkkreis, zur Absonderung und Selbstentfaltung des selbst entworfenen Organismus umbaut und anregt. Das einzelne Lebewesen „hat" nicht eine Seele. Es „ist" die Seele. Und sie entwirft und baut ihren Leib. (137)

In diesem Sinne ist die Seele nicht eine unabhängige Substanz, nicht eine „Lebenskraft" übernatürlicher Herkunft. Sie ist hier nicht als durch den Schöpfergott eingeblasener Atemhauch (Ruech) gedacht, nicht als allgemeines, der göttlichen Seele entstammendes Pneuma, nicht als

Apospasma, Emanation Gottes, wie dies die Stoiker und Plotin so schön umschrieben. Es sei denn, man bezeichne die Wirklichkeit der Natur selbst im Ganzen als göttlich. Die Seele bildet sich im hier gemeinten Sinn aus dem gegenseitigen Spannungsfeld wirklicher elementarer Subjekte und ihrer Motive heraus. In ihrem Wirken ist sie aber eine autonome, übergeordnete, ganzheitliche, eigene Lebensmotive entwerfende Kraft. (137f)

Sie „Seele" als individuelle Wirklichkeit ist nicht zu verstehen als die Gesamtheit psychischer Funktionen. Eine „Psychologie ohne Seele" vermag zwar Erscheinungen des Bewusstseins zu analysieren, verzichtet aber völlig darauf, ihre Verwurzelung in der Wirklichkeit der Seele mit zu bedenken. Sie handelt von den Funktionen, als wären sie selber Subjekte oder Ausflüsse selbständiger Organe. Aber Funktionen sind nicht selbständige Wesen, sie sind nicht Wirklichkeit, sie sind „Taten und Leiden" des Wirklichen. Auch Organe, etwa Zellen des Leibes, sind nicht selbständige Subjekte, sondern funktionsabhängige, lebendig instrumentierte Einrichtungen von dienenden Subjekten. Freilich verwendet die Seele die in sich eingeborgenen und dienstbar gemachten elementaren Subjekte aus deren Eigenwirken heraus zu relativ selbständigem Tun. Sie zwingt sie zu dienenden Zellen mit deren komplizierten Innenorganisationen und wiederum relativ selbständigen Organellen, so auch zu umfassenderen Organen, die ein gewisses Eigenleben üben. Aber auch solches Leben steht im Dienste der überdachenden, lenkenden Seele. Aus deren Motivzentrum heraus genährt, unterziehen sich die dienenden Subjekte und Organe einem relativ selbständigen Tun, das aber weitgehend aus dem Lebenssinn der Seele gerichtet ist. Organe sind in ihrer dienenden Funktion nicht selbständig. Sie wirken aus der zweckmäßigen Gestaltung, die ihnen durch die ganzheitliche Seelenkraft und deren organbildenden Motiven und Hilfskräfte aufgedrungen werden. (138)

Die Seele ist im hier gemeinten Sinn nicht denkbar als Materie. Sie ist eine eigenständige Kraft. Stoff ist im strengen Sinn nicht wirklich. Stoff ist nur als Erscheinungsform von Kräften. Die Seele ist auch nicht denkbar als Zusammenfluss feinster stofflicher Atome, wie dies Demokrit gelehrt. Sie ist nicht Harmonie des Leibes im pythagoreischen Sinn. Sie ist viel eher „Entelechie" des Leibes, wie Aristoteles lehrte. Sie ist das zentrale Subjekt der Lebensmotivation. Der Leib ist nicht „Kerker" der Seele, wie dies Platon umschrieb. Der Leib ist ihr funktionsvermittelndes Geschöpf und ihr Ausdruck. Er bedarf besonderer Pflege. Die Seele ist nicht durch ein Organ, etwa durch die Zirbeldrüse, mit dem Leib verbunden, wie dies Descartes gesehen. Die Seele steht nicht einem selbständigen Leibe gegenüber. Leib und Seele sind nicht zwei gleichwertige Attribute Gottes, wie dies Spinoza umschrieben hat. Es gibt als Wirklichkeit im lebendigen Einzelwesen nur die Seele und die ihr dienenden Wirkkräfte der ihr angehörigen elementaren und organisierten Subjekte. Der sinnlich vernehmbare Leib und seine einzelnen Organe sind letztlich durch die Seele entworfen und gestaltet. Seine Funktionen sind von den zentralen Seelenkräften benötigt und geführt. Der Leib ist nicht Träger der physischen Funktionen, nicht Entwerfer und Erneuerer zusätzlicher Organe. Er entlässt sie nicht selbst. Nicht aus eigenem Motivfeld. Er ist bloß ihr Vermittler. (138f)

Hier ist es gut, zwischen organbildenden und funktionsauslösenden Motiven der Seele zu unterscheiden. Die *or-*

ganbildenden Motive liegen dem Entwurf und der Entfaltung der Organe, dem Wachstum und dem fortwährenden physischen Gestaltungsprozess, dem Aufbau und Abbau des Leibes. Sie folgen ihrerseits lebensnotwendigen Motiven und „Bedürfnissen" des Lebewesens. Zwar sind solche Lebensmotive stets eingebunden in die tragenden Umweltmöglichkeiten des Lebendigen. Alle Anregungen zur Organbildung und -umbildung folgen einerseits den gegebenen Umweltbedingungen. Aber ein innerer, in der Regel stummer, bewusstloser „Drang" des lebenden Wesens mischt sich seinerseits stets in die Gestehungs- und Entwicklungsmöglichkeiten sinnvoller Organbildung. Organbildung ist nie bloß blinder Zufall. Sie folgt immer auch dem inneren, ganzheitlichen Motivdrang des Lebewesens. Als „Lebensdrang" soll im Allgemeinen nicht ein „bewusstes" Bedürfnis bezeichnet werden, sondern eine wirksame Lebensbedingtheit, die dem Lebewesen als Motivfeld innewohnt. Weitaus die meisten Bedürfnisse auch der bewussten Lebewesen wirken völlig unbewusst. Einerseits folgen sie wirksamen Umwelteinflüssen, andrerseits einer stummen inneren Nötigung. (139)

Nahrungsaufnahme und -verwertung, der ganze Grundumsatz, Wachstum und Reifung bedingen die Entfaltung, aber zugleich den steten Abbau der Organe. Zahlreiche Zellen des Leibes werden laufend abgebaut und durch neugebildete ersetzt. So wird das Blut, so werden alle Gewebe dauernd erneuert. Der Leib des Lebewesens besteht nicht als der Selbige durch das ganze Leben. Er wird laufend umgebaut und ersetzt. Er zerfällt fortwährend, derweil er aufgebaut wird. (141)

Sterben ist eine Funktion des Lebens. Nicht der Leib stirbt. Die Seele, das einzelne Lebewesen im Ganzen, stirbt. Die leiblichen Organe ermüden oder zerfallen, wenn die Seele ihre Kräfte einbüßt oder wenn äußere Kräfte und Einwirkungen, wenn der Befall fremden Lebens den Leib zerstören. Einzelne Organe können chirurgisch entfernt oder durch kompatible ersetzt werden, ohne dass das Leben des Lebewesens aufhöre. Sind andrerseits die Organe so stark gestört, dass sie die lebenswichtigen Funktionen der Seele nicht mehr vermitteln können, so stirbt die Seele. Auch stirbt sie, wenn ihre innere Motivkraft aufgezehrt ist und ihre Organe nicht mehr ernährt und aufbereitet werden können. (141)

Hier zeigt sich jene tiefe Tragik, die allem Lebendigen innewohnt. Denn mit der egoistischen Absonderung und Selbsterneuerung, mit Wachstum und Selbstbewahrung, mit dem in sich selbst begründeten Prozess der Nahrungsaufnahme und organischen Nahrungsverwertung sind Vernichtung und Töten und eigener Tod stets verbunden. Das Lebewesen lebt in den Tod hinein. Die Pflanzen ernähren sich freilich weitgehend durch Photosynthese aus anorganischen Subjekten. Aber auch solche Subjekte sind wirkliche Wesen. Auch alle andern Lebewesen leben in einem gewissen Umkreis aus anorganischen Beständen. Tiere und Menschen aber ernähren sich hauptsächlich aus fremdem Leben. Der furchtbare, räuberische gegenseitige Daseinskampf vernichtet in festen Nahrungsketten laufend keimendes und herangewachsenes Leben. Der Mensch hat sich durch seine Werkzeuge ein breites Nahrungsspektrum erobert und sich weitgehend gegen die Tierwelt geschützt. Aber auch er ist laufend durch Viren, Bakterien und Insekten befallen und unterliegt in manchen Gegenden noch der Gefahr, von Raubtieren angefallen zu werden. Der gefährlichste Gegner des Menschen aber ist der Mensch. (141f)

Der Sinn des Organaufbaues liegt in den Funktionen des Lebendigen. Um der seelischen Funktionen willen erbaut die Seele ihren Leib und seine Organe. Es sind nun diese *funktionsauslösenden Motive*, aus denen alles Leben seinen entscheidenden Lebensdrang schöpft. Das innere Lebens- und Fortpflanzungsmotiv der Pflanzen, Triebhaftigkeit und Triebbefriedigung, Leidenschaft und Lebensdrang der Tier- welt und des Menschen, Lebenserfüllung und Lebensfreude und die zahlreichen Weisen der Selbstdarstellung und Selbstgestaltung zeugen vom hohen inneren Wert, den diese Lebewesen ihrem eigenen Leben beimessen. Jedes Lebewe- sen kämpft um sein Leben. Wo Leben zur Bewusstheit ge- langt, zeigt sich zwar immer schon Lebens- und Todesangst, Belastung und Schmerz, Leid und Qual, aber immer auch zugleich der hohe Wert, den das aktive Leben dem Lebewe- sen bedeutet. Trotz einsichtiger Todestragik ist Leben dem bewussten Lebewesen lebenswert. Dem geistigen Bewusst- sein des Menschen zeigt sich das Leben in seiner doppelten Sicht als todgeweihtes Sein und als grossartige Quelle der Schönheit, des Genusses, der Freude und der Bewunderung. Geistiges Verständnis und geistige Zugewandtheit zu allem Lebendigen und der Durchblick in das urtümlich Verbindende und Tragende zeigen jenseits alles Lebensleides den Grad der wesentlichen Bildung des einzelnen Menschen. (142f)

Vom Tode

Neue Darstellung 2011; gelegentlicher Text aus „Von der Innerlichkeit des Wirklichen. Philosophie der geistigen Zuwendung und Bildung", Georg Olms, Hildesheim, Zürich, New York 2007

Seit jeher haben Menschen Angst vor dem Tod. Vielen erscheint er als eigenständiger Gegenspieler des Lebens. In zahlreichen Bilderfolgen, an Klosterwänden und in Kapellen wurde der Totentanz an die Wand gemalt. Hieronymus Bosch lässt ihn im Bilde unversehens in die Stube des Geizigen treten. Noch hängt dessen Auge an dem dargereichten Geldbeutel, derweil der Teufel bereits vom Baldachin herab auf seine Seele passt. In Dürers Kupferstich blickt der Tod mit seinem gekrönten und schlangenumwobenen Haupt dem braven Ritter unverwandt ins Gesicht, während von hinten der Teufel als grässliches Scheusal schon seine Klaue hebt. Wie ein brausendes Gewitter fegen die apokalyptischen Reiter in Dürers Holzschnitt durch die Welt und der ausgemergelte Knochenmann reitet die Menschen wahllos in den Tod. In Holbeins Holzschnitten schaut der Tod dem Papst grinsend ins Antlitz, dem Kardinal fasst er an den Hut, den Abt packt er am Rockzipfel, dem Kaiser greift er nach der

Krone, der Edelfrau trommelt er zum Tanze auf. Er schont nicht des Armen. Das kleine Kind reißt er vom Herd.

In Dantes „Göttlicher Komödie" zeigen sich die Schrecken der Hölle. In Michelangelos „Jüngstem Gericht" schlägt Charon die Verdammten aus seinem Kahn. Unendlich sieht der Denker auf Rodins „Höllentor" die Verlorenen in den Schlund der Hölle stürzen. Hofmannsthals reicher Mann hört inmitten von Fest und Feier das grause „Jedermann", den schauerlichen Ruf des Todes. Tagelang schreit der Tod in Tolstojs „Iwan Iljitsch" aus dem Sterbenden und der Kammerherr in Rilkes „Malte Laurids Brigge" stirbt, indem der böse, fürstliche Tod, den er sein ganzes Leben in sich getragen und genährt hatte, nun selber aus ihm schreit.

Solch dunkle Vorstellungen von Tod und Hölle aufzulichten, haben Menschen seit alters her den Glauben an die Unsterblichkeit der Seele hochgehalten. Die Hoffnung auf Licht und Leben, auf Glück und Seligkeit im jenseitigen Leben der Seele spendete Trost und Kraft. Im alten „Gilgamesch Epos" wandert der König von Uruk aus, Unsterblichkeit und ewige Jugend zu gewinnen. Aber er besteht die Probe nicht. Und die Schlange stiehlt ihm die erbeutete

Pflanze der ewigen Jugend. Das „Paradies", jener umgrenzte Bezirk ewigen Lebens, schien nur erreichbar durch gute Werke und Taten in diesem Leben. Jählings fällt im zurvanischen Denken Zarathustras von der „Činvatbrücke" ins Feuerbad der Läuterung, wer die Gewichtung seiner guten Taten im Endgericht nicht ausweist. Im alten Ägypten droht die Vernichtung im „Duat", in der Unterwelt, jedem, dessen Herz der Feder auf der Waage der „Maat" nicht entspricht. Im mosaischen Bild des Alten Testaments verfällt der Ungerechte der „Scheol", dem Totenreich. Im Christentum erleiden die Ungläubigen das höllische Feuer und den „andern Tod im Feuerpfuhl", und nur der Glaube an die Auferstehung und Jesu Sühnetod vermögen davor zu schützen. Nur wer Allah dient, entgeht im Sinne des Islams den Schrecken des „Dschehannans". Unsterblichkeit gewinnt nur, wer im rechten Glauben steht und gute Werke tut.

Die Idee der *Unsterblichkeit* der menschlichen Seele ist ein aus dem Lebenswillen entspringendes Vorstellungsbild, nicht eine Erfahrung aktueller Wirklichkeit. Aus Lebens- und Durchsetzungsmotiven heraus entspricht es der Hoffnung, das eigene Leben und dasjenige nahestehender Personen jenseits des Alterns und Sterbens in positiver Weise fortgesetzt und überhöht zu sehen. Aus persönlicher Sicht folgt es gelegentlich der Hoffnung, errungene Lebenswerte fortwirken zu sehen und ethisch gesehen allenfalls andern Menschen und Wesen weiterhin behilflich zu sein. Der Aufruf der Religionen zur geläuterten Liebe ist stets von großer Bedeutung. Aber die religiöse Idee, die Seligkeit ewigen Lebens als künftige Belohnung guter Taten zu sehen und ewige Strafe als Vergeltung des Bösen zu verhängen, ist ethisch in jedem Sinne abwegig. Sie schlägt alle sittlichen Werte nieder. Aus der Betrachtung des Wirklichen in seiner Innerlichkeit ist vielmehr das Bewusstsein des sich inmitten des Lebens vollziehenden steten Sterbens, der Unsicherheit und Hinfälligkeit alles Lebendigen bedeutsam. Darin kann die geistige Liebe, Hilfs- und Pflegebereitschaft dem andern Menschen und allem Lebendigen gegenüber erwachen, darin auch wurzelt das Bewusstsein vom aktuellen Wert des eigenen Lebens. Nicht die Angst vor dem „Nichts", vor dem Tod, kann tragender Boden des menschlichen Lebens sein, aber auch nicht das Verschließen der Augen vor dem Sterben des Lebendigen. Die mutige Gewissheit um das „Sein zum Tode", nicht Verdrängung und Verdeckung des Todesbewusstseins lassen den inneren Wert des Lebens, liebende Fürsorge und Hilfe lebendig werden. „Das Vorlaufen", sagt Heidegger, „enthüllt dem Dasein die Verlorenheit in das Man-selbst und bringt es vor die Möglichkeit, auf die besorgende Fürsorge primär ungestützt es selbst zu sein, selbst aber in der leidenschaftlichen, von den Illusionen des Man gelösten, faktischen, ihrer selbst gewissen und sich ängstenden Freiheit zum Tode." Freilich nicht „Angst" und nicht die „Freiheit zum Tode" führen zur sinnvollen, liebenden Haltung im menschlichen Leben, sondern das Bewusstsein von der Einmaligkeit und Hinfälligkeit des menschlichen Daseins. Darin ist das Bewusstsein um den großen geistigen Wert lebendiger Gegenwart erschlossen. In diesem Sinne wertet das Todesbewusstsein die Bedeutung des eigenen und fremden Lebens auf. Jeder Augenblick, jeder Laut kann in seiner aktuellen Kraft Aufruf und Ansporn für die „geistige Zuwendung" des Menschen sein. Die Seele ist nicht über den Tod hinaus. Die Dauer des Lebens misst nicht ihren Wert. Das Wirkliche in seiner Endlichkeit und Hinfälligkeit und in seinen inneren Motiven verstehen und lieben zu lernen ist je und je und bis zum Tode hin Möglichkeit und innerer Auftrag des Menschen. (120)

Freilich, immer wieder anders steht der Mensch im Laufe seines Lebens dem Leben selbst und seinem Tod gegenüber. Das kleine, gesund heranwachsende Kind hat die Gefahr seiner Geburt weitgehend vergessen. Doch es bedarf weiterhin der steten Geborgenheit. Sofern nicht Gefährdung seines Lebens nahe und spürbar in sein Bewusstsein fällt, ist es dem Tode innerlich fern. Der Verlust der Eltern und Betreuer zeichnet seine Lebensangst. Wo immer dem erwachsenen Menschen Vorsorge und Aufgaben zu den täglichen Pflichten gehören, wo Pflege und Hilfe Kindern, Angehörigen, Anvertrauten, Kranken und Schutzbedürftigen gegenüber notwendig sind, hat das aktive Leben andere Bedeutung als im Alter und jenseits solchen Auftrags. Die Einstellung zum eigenen Tod zeigt je andere Werte. Aber nicht in der Angst vor dem Tode, sondern in den Forderungen des Lebens liegen solche Gefühle begründet. Im hohen Alter und in dem Maße, wie der Mensch nicht mehr für auswärtige Aufgaben einstehen und für andere sorgen kann und muss, stellt sich die Einstellung zum Tode anders. Sein Sterben steht unmittelbar bevor und die Gewissheit des Sterbens duldet keine Verdrängung. Der alte Mensch weiß um das Sterben, das zu seinem Leben gehört. Er spürt deutlich in sich selbst den organischen Abbau, das schrittweise Nachlassen einzelner Lebensfunktionen. Er wird in zunehmendem Maße seine Abhängigkeit empfinden und die Pflege, die ihm nun selbst von außen zukommt, dankbar entgegennehmen. In glücklichen Verhältnissen verspürt er, dass er für Angehörige und andere Menschen immer noch Bedeutung hat. Er weiß um die Liebe, die ihm zukommt. Es gibt freilich sehr viele Menschen, die im Alter sehr einsam und hilflos sind. Der alte und sterbende Mensch wird auf vieles, letztlich auf alles verzichten müssen, was ihm im Leben lieb geworden war. Solcher Verzicht und solches Loslassen werden ihn leichter sterben lassen und es wird gut sein, solchen Verzicht schon früh zu üben. Der alte Mensch weiß in der Regel nicht um die Art seines Sterbens. Vor dem Tode aber braucht er nicht Angst zu haben. Der Tod als solcher ist nicht. Nicht wirklich. Es gibt nur das Sterben und das gehört zum Leben. Und so lange der Mensch noch lebt, kann ihm die kleinste Begegnung den Reichtum des Lebens offenbaren. Ein freundliches, noch vernehmbares Lächeln, ein noch hörbares Zwitschern des Vogels, das Wehen des Windes, ein Lichtblick in seiner farbigen Fülle rufen ihn auf. In solch geistiger Zuwendung aber ist der Sinn des Lebens heiter erfüllt. Geistige Lebensfreude lichtet bis in den Tod alles Leben und Sterben auf. Es gibt Menschen, die sich den Tod wünschen Ist ein solcher Wunsch ethisch oder sozial oder allenfalls krankheitshalber bedingt, sollte dem Sterbenden Hilfe zukommen können. Wenn der Mensch zwischen dem Wunsch zu leben und dem Wunsche zu sterben schwebt – so sagt ein ostisches Wort – ist Leben tapferer.

Die Trauer um den Tod eines geliebten Menschen oder eines nahen und vertrauten Wesens kann im eigenen Verlust und persönlichen Ausfall begründet sein. Dann trauert der Mensch um sich selbst. Trauer aber kann auch aus geistiger Liebe stammen. Dann trauert der Hinterbliebene um den Verlust, den der Verstorbene erlitt, selbst weiter in geistiger Liebe zu stehen. Aber solche Trauer wird leicht aufgewogen durch die Erinnerung an die Fülle der konkret miterlebten Augenblicke, da der Verstorbene sich in seinem Leben hinreichend hingeben konnte. Dann ist solche Erinnerung selbst aus geistiger Liebe getragen.

Geistigkeit

Text aus „Von der Innerlichkeit des Wirklichen", Olms, Hildesheim, Zürich, New York 2007

Es soll hier nicht allgemein von „Geist" gesprochen werden, sondern von der „Geistigkeit des Menschen". Damit soll angedeutet werden, dass es sich nicht um eine gedachte Geist-Substanz noch um lebendige Geist-Subjekte handelt. Geistigkeit soll als eine Grundform der menschlichen Seele angesehen werden. Nicht in besonderen, dem Menschen spezifisch eignenden Einzelvermögen wie Sprechen, Denken, Erkennen, Forschen, nicht in höheren Kräften des Fühlens, Wollens und Wertens, der gemeinschaftlichen Beziehungen, nicht im ästhetischen, sittlichen, rechtlichen und religiösen Vermögen, auch nicht in Technik, Wirtschaft und Politik ist das Geistige selbst zu denken. Auch nicht die Gesamtheit dieser Funktionen macht das Geistige aus. All diese Funktionen und Tätigkeitsbereiche setzen zwar das Geistige voraus. Sie beziehen ihre besondere Funktionskraft aus geistigen Grundbereichen des Menschen. Aber sie konstituieren nicht selbst den Geist. All diese Funktionen können auch dem Ungeist dienen. Sie sind Abkünftlinge, Derivate des Geistigen im Menschen. Sie bedürfen jeweils einer entsprechenden Sonderbildung. Geistigkeit selbst aber bedarf einer ganzheitlichen und grundlegenden Entfaltung der Persönlichkeit. (184)

Geistigkeit ist im umfassenden Sinn eine *besondere Grundhaltung der menschlichen Seele*. Geistigkeit muss als eine neue Entfaltungsstufe des Wirklichen gesehen werden. Die Entwicklung des *Lebens* ist eine neue Wirklichkeitsstufe in der Entwicklung der grundlegenden Motive zum egozentrischen Selbstbezug der Seele, zu Organaufbau, Lebensentwurf und Lebensbewahrung und zur ganzheitlichen, dem Überleben von innen her zugewandten Gestaltung des Lebewesens. Vitale Motive sind Motive der Lebensentfaltung und Lebensdurchsetzung. Sie dienen der Erhaltung des Individuums und der Art. Als weitere Stufe der Verinnerlichung erwies sich die Entfaltung eines *vitalen Bewusstseins*. In solchem Bewusstsein zeigt sich die organisch gestützte Rückmeldemöglichkeit über das Innenleben und über die Umweltverhältnisse des Lebewesens. Solch vitale Verinnerlichung diente ebenfalls der Umsicht und Erlebbarkeit zur

Entfaltung und Absicherung des Lebens. Das vitale Bewusstsein bezieht alles Erlebbare, auch das Vernehmen des fremden Lebens und das Bild der fremden Wirklichkeit auf das eigene seelische Zentrum des Lebewesens zurück und dient in allen Bereichen dem eigenen Leben selbst. Das gilt für alle Lebewesen dieser Erde. Darin liegt die gegenseitige Abgrenzung, die Lebensdurchsetzung und der Lebenskampf aller irdischen Lebewesen. Das gilt auch für den Menschen. (184f)

Aber im Zuge solcher Verinnerlichung erwachte im Menschen eine ganz neue, sekundäre Bewusstheit und eine neue, anders orientierte Grundhaltung dem Leben gegenüber. Die Innerlichkeit begegnender Wirklichkeit öffnete sich dem erlebenden Menschen quer zu seinem Selbstbezug aus den eigenen Motiven des Begegnenden und im Hinblick auf dessen eigenes Wirken und Leben. Das ist die Geburt des Menschlichen im Menschen. Das ist die Geburt des *Geistigen*. Nur in dem Masse, wie die eigene vitale Bedürftigkeit für Augenblicke im Bewusstsein schwieg, konnte ein solches Hinhören und ein solcher Blick in die Innerlichkeit des andern Wesens gelingen.

Das war das Aufkommen eines vom Selbstbezug geläuterten Fremdverständnisses und im weiteren Entwicklungsgang das Erwachen einer verstehenden Anteilnahme und liebenden Zuwendung. Durch solchen Wandel entfaltete sich im Menschen die neue Stufe einer innigen, geistigen Grundhaltung. Geistigkeit ist das anteilnehmende Innewerden der Innerlichkeit begegnender Wirklichkeit. Damit grenzt sich das *geistige Bewusstsein* vom Leben selber ab. Es dient nicht mehr unmittelbar dem Eigenleben des Erlebenden. Es ist in seiner Motivation für Zeiten vom eigenen vitalen Lebensbedürfnis abgelöst. Es öffnet sich begegnender Wirklichkeit in deren Eigensein ohne Rückbezug auf das Leben des Erlebenden. (185)

Hieraus entstand eine ganz neue Einstellung zum Leben und zur Wirklichkeit im Ganzen. Das Leben zeigte sich im tragischen Grundzug seiner Eigenmotive. Dass Leben in seinem Organaufbau und -Abbau auf anderes Leben und andere Subjekte als Nahrung angewiesen ist, dass alles Leben durch seinen Leibentwurf und Leibaufbau zugleich Sterben und Tod in sich trägt, widerspricht nicht solcher Zuwendung. Das Leben, das eigene und das fremde, in seiner Tragik zu lieben, öffnet sich dem Menschen in geistiger Anteilnahme. Der Mensch kann in seinem Leben aus der vitalen Grundmotivation nicht gänzlich aussteigen. Er kann sich selber nicht im Ganzen vergeistigen. Geistigkeit bleibt an die Funktion des Lebens gebunden. Geistigkeit setzt Leben voraus. Und gerade die besondere Kraft des Geistigen, das Leben in seiner originären und großartigen Entfaltung, in seiner Trieb- und Erlebniskraft, zugleich aber auch in seiner Gewalttätigkeit und in seinem eigenen Verfall, verstehend anzunehmen und zu lieben, macht die menschliche Weise des Geistigen aus. Im geistigen Verstehen durchschaut der Mensch die Tragik des Lebendigen. Er blickt mitten in Schmerz und Leidwesen, die allem Leben verbunden sind. Und er erahnt zugleich die Schlichtung und Linderung solcher Last durch die Entfaltung des Geistigen im Menschen. (185f)

Geistigkeit ist *verstehende Zuwendungsbereitschaft.* Sie ist die von den eigenen Durchsetzungs- und Lebensmotiven geläuterte Kraft *verstehender Liebe.* Es gibt viele Weisen der Liebe im Leben des Menschen. Liebe ist immer ein Gefühlsbezug zum begegnenden Wesen. Aber in dem Maße, wie der Liebende den Gegenstand seiner Liebe auf sich selbst bezieht und für sich in Anspruch nimmt, ist sie *vitale Selbstliebe*. So liebt der Mensch einen guten Braten oder eine süße Frucht, er liebt seine Wohnung und seinen Garten und den Wald und die Luft und die Landschaft seines angenehmen Aufenthalts. Er liebt das Sonnenlicht, das ihn wärmt und seine Haut bräunt. Er liebt seine Katze oder seinen Hund als treue Gefährten. Er liebt noch den andern Menschen aus erotischen oder sexuellen Bedürfnissen, oder er liebt ihn als Partner seines Gesprächs. Der Verliebte hofft im Grunde, selbst geliebt zu werden und erlebt den Partner im Bezug zu sich selbst. Er ist enttäuscht, wo sich ihm Gegenliebe versagt. Aber ein ganz anderes ist die *geistige Liebe*. Sie ist ein Entdecken der Innerlichkeit des Begegnenden und ein Betroffensein durch solche aus sich selbst und ihren Eigenmotiven fließende Wirkkraft des Begegnenden. Sie erwartet nicht Gegenliebe. Sie erblüht in ihrer eigenen Hingabe. Lieben, nicht geliebt werden ist ihr Sinn. So steht der Mensch liebend und innerlich Anteil nehmend vor Wirklichkeit, wo sie sich ihm in ihrem Selbstsein erschließt. (186)

Dem Walten solcher Liebe entspricht alle *Kultur*. Ihr Rückbezug auf die individuellen und sozialen Durchsetzungskräfte des Menschen ergibt die *Zivilisation*.

Geistigkeit ist dem Menschen heute als Möglichkeit in die Wiege gelegt. Aber von früh auf bedarf sie besonderer Pflege und Aufbereitung. Bildung zur Geistigkeit setzt bei jedem Menschen die innere Auflichtung seines *persönlichen Stimmungsgrundes* voraus.

Vom Sinn des menschlichen Lebens

neue Darstellung 2011

Das Leben selbst ist das tragische Schicksal des Menschen. Die Durchsetzungsmotive des Lebendigen zwingen ihn in den Lebenskampf. Das Leben als solches wirkt aus inneren Motiven. Nicht aus Sinn. Es trägt seinen Eigen-Sinn in sich selbst. Es wirkt nicht zur Bedeutung für anderes Sein. Der Sinn menschlichen Lebens aber ist die Vermählung der selbstbezogenen Lebensmotive mit geistiger Liebe. Geistige Liebe ist Liebe zu anderen. Nicht zu sich selbst. In solch zugewandter und anteilnehmender Vergeistigung übersteigt der Mensch für Zeiten und in manchen Funktionsbereichen den Daseinskampf des Lebendigen. Er gewinnt Sinn als Bedeutung. Das Leben als solches hat keinen Sinn. Es sei denn, Du leihst ihm einen.

Das Wort „Sinn" hat viele Bedeutungen. Seine sensorische Bedeutung meint die Sinnesorgane und ihre entsprechenden Wahrnehmungs- und Vorstellungssinne. Die semantische Bedeutung umfasst den Zeichen-, Wort- und

Satzsinn. Hermeneutisch ist vom Sinnverständnis einzelner Texte und Werke zu sprechen. Hier soll vor allem der Sinn des menschlichen Lebens in seiner ganzheitlichen, geistigen Bedeutung erwogen werden.

Die Frage nach dem Sinn des eigenen Lebens im Ganzen stellt sich kaum im Zuge sinnvoller Tätigkeit. In solchem Tun ist Sinn als Ziel und Zweck gegeben. Es bedarf der Frage nicht. Gedanken der Sinnlosigkeit des Lebens drängen sich in solcher Situation nicht auf. Noch wo das Leben des Menschen bedroht, schwer belastet und gefährdet ist, steht er zu seinem Leben. Die großen, natürlichen Katastrophen, Trockenzeiten, Vulkanausbrüche, Erdbeben, furchtbare Sturmfluten und Überschwemmungen reißen immer wieder viele Menschen in den Tod. Sie vernichten und verwüsten oft auf weiten Strecken Gut und Lebenswerk der Menschen. Der Mensch erschauert vor diesen Mächten. Doch aus Trauer und Sorge, aus Trümmern und Schmerz erhebt sich der betroffene Mensch immer wieder um zu überleben und um wieder aufzubauen. Noch angesichts des Weltuntergangs will Luther sein Apfelbäumchen pflanzen. Die schrecklichen, nicht abbrechenden Kriege, Überfall und

Vernichtung und Massenmord, Verbrechen und Terror lassen Verwüstung und Schrecken zurück. Kinder verwaisen. Überlebende trauern. Viele vergessen. Neue Städte überwachsen den Schutt. Noch in den Schrecken des Konzentrationslagers sucht Viktor Franckl den Sinn.

Der große Hunger, der durch die Welt geht, mäht ungezählte Menschen nieder. Die Armut drückt viele Millionen in die Not des reinen Überlebens. Die Menschen hoffen auf Hilfe. Noch im Sterben klammern sie sich an ihr Leben. Alter und Krankheit bringen oft Mühsal und Schmerzen. Hilflosigkeit, Ausweglosigkeit und Vereinsamung öffnen dem Tod ihre Pforten. Tapfer kämpfen viele um ihr Leben.

Doch wenn der Mensch den eigenen Wert seines Lebens von innen her verwirkt und gelöscht empfindet, erfüllt ihn leicht eine Grundstimmung der Sinnlosigkeit seines Lebens im Ganzen. Traurigkeit und Mutlosigkeit nehmen ihn ein. Früh erlebte Lieblosigkeit, Ablehnung und Abwertung durch die eigenen Eltern und durch vertraute Personen, mangelnde Achtung und Wertschätzung im nahen Umgang in der Gesellschaft schwächen und untergraben die Lebenskraft und ketten den Menschen an sich selbst. Minderwertigkeitsgefühle schlagen den innerlich Verwundeten nieder und ersticken seinen sinnvollen Bezug. Arbeitslosigkeit und das Gefühl, nicht gebraucht zu werden, führen in die innere Leere. Depression nistet sich ein. Aggressionen werden wach. Schuldgefühle erdrücken das Leben und verscheuchen seinen Sinn.

Und es gibt eine Lebensweise, der viele Menschen erliegen, ohne deren verderbliches Wirken zu durchschauen. Solche Haltung untergräbt den Lebenssinn im Ganzen. Das ist der Verfall des Menschen an Motive bloßer Durchsetzung. Solche Einstellung kann das Leben des Menschen im Ganzen nicht befriedigen.

Zwar sind alle Sinne und alle triebhafte Sinnlichkeit fruchtbare Grundlagen bewussten Lebens. Geselligkeit und fröhliches Beisammensein, gemeinsame Speise und Trank, Liebeslust und geschlechtlicher Trieb sind dem Leben des Menschen eingeborgen. Gesundheit und Frohmut und Lebenslust und alle sinnlichen Erlebniswerte sind tragende und fördernde Kräfte des Lebendigen. Glück und Freude, leichter Sinn und Unmittelbarkeit des Erlebens, helles Lachen und Jauchzen steigern die Lebenskraft. Alle Sinne sind zugleich Quellen des Geistes. Die Vielfalt und Schönheit der Landschaft, Formen und Farben der Welt erschließen sich nur über die Sinne. Der Duft der Rose, der gleitende Flug des Vogels, der sanfte Schritt der Katze, die Anmut eines Kindes und der Ausdruck im menschlichen Antlitz sind anders nicht zu gewinnen. Alle Sinne verhelfen dem Begegnenden sich teilnehmend zu öffnen. Sie sind zugleich Pforten des Geistes. Sinnlichkeit des Menschen aber bedarf in solchem Bezug der Vermählung mit geistiger Zuwendung. Der Mensch sieht das Schöne nicht und er verliert die Partnerschaft der Welt, wo immer er das Begegnende nur aus seinem Selbstbezug, aus seinen eigenen Durchsetzungsmotiven braucht und genießt. Wo Essen und Trinken sich in bloßer Schlemmerei verlieren, wo der Geschlechtsverkehr nicht mehr im personalen Liebesbezug erfolgt, wenn Lachen und Jauchzen sich in Grinsen und Johlen verkehren, wenn Sport dem Wettbewerb und Siegesrausch verfällt, wenn Freude am zu pflegenden Eigentum sich in Besitzgier verwandelt, wenn nur noch Erfolg und Eigennutz und Reichtum winken, wenn eitle Geltungssucht und gesellschaftliches Ansehen, Machtbedürfnis und Gewaltausübung überhand nehmen – dann verkehrt sich Sinnlichkeit des Menschen in bloße Selbstdurchsetzung. Politik und Wirtschaft verfallen dann leicht der Korruption. Veruntreuung und Eigenmachtstreben, Ausnützung und Übervorteilung der andern Menschen finden Platz. Verbrechen und organisierte Kriminalität breiten sich aus. Die Schere von Reich und Arm öffnet sich. Spekulative Geldwirtschaft, Überschuldung der Banken und Staaten nehmen ihren Lauf. Die Natur als genutzte Umwelt und als Mitwelt wird rücksichtslos ausgebeutet. Das Leben des Einzelnen verliert seine tragende Bedeutung für die Gemeinschaft der Menschen, für das Lebendige, für die nachhaltigen Lebensbedingungen unserer heimatlichen Erde. Das Leben des Menschen verliert seinen Sinn.

Seit alters her ist der Versuch unternommen worden, quer zu Hedonismus (hedoné = Lust) und egozentrischem Utilitarismus die geistige Bedeutung und den wesentlichen Sinn des menschlichen Lebens aufzuweisen.

So wurden geistige Grundwerte und ethische Zielbereiche des menschlichen Lebens im Religiösen gesucht. Die gläubige Geborgenheit in Gott, die Liebe zu Gott und zum nächsten Menschen, der Glaube an den einen Gott und die Bereitschaft, ihm zu dienen, das Aufgehen des Einzelnen im kosmischen Bewusstsein und das Einswerden mit Gott zeigten gläubige und mystische Wege. Die Hoffnung auf ein seliges Jenseits im Göttlichen, die Überwindung der Sünde und des ewigen irdischen Kreislaufes riefen auf zur inneren Umkehr, zu sittlichem Leben, zur Einhaltung der göttlichen Gebote, zur Übung guter, gottgefälliger Taten, zu Gebet, Dank und Lobpreisung Gottes, zu Demut und Buße. Soweit es sich hierbei um echte ethische Werte handelte, waren solche Forderungen an die menschliche Einstellung und Haltung dem menschlichen Leben von großer, tragender Kraft. Wo die Hoffnung sich regte, durch gute Taten künftige Seligkeit zu gewinnen, widersprach sie dem Sittlichen selbst. Wo immer dogmatische Gottesbilder verkündet und eingefordert wurden erwachte die Gefahr der Entzweiung und des Zwistes der Glaubensgemeinschaften und der benachbarten Kulturen. Furchtbarste Kriege waren die Folge.

In philosophischer Schau zeigte sich im alten China das „Tao" als sinnvoller Weg, als Eingehen in den wesenhaften

Urgrund des Seins. Der Buddhismus rief auf zur Überwindung des leidvollen Lebens, des ewigen Kreislaufs im Samsara und lehrte den edlen, achtfachen Pfad zur Erweckung des Menschen ins Nirwana, ins ewige Einssein mit dem Urgrund der Natur. Das alte Griechenland pries die „Eudaimonia", die Glückseligkeit des menschlichen Lebens. So lehrte Platon die Harmonie und Befreundung der drei Seelenbereiche, des Geistigen, Muthaften und des Triebhaften. Aristoteles pries die Kontemplation als den Weg der Glückseligkeit. Die Stoa poikile rief zur „Apathie" auf, zur Seelenruhe und pries die Tugend als Freiheit von Affekten und Leidenschaft. Epikur lehrte die „Ataraxie" als Seelenruhe im Maßvollen und als Überwindung von Angst und Schmerz. Die Aufklärung pries den Verstand und die Eigenverantwortung des Menschen. Kant setzte den „kategorischen Imperativ" der Moral und wies den Selbstzweck des Menschen. Die „Selbstsetzung des Ichs", das „Zu-sich-selbst-Kommen" und die „Offenbarung" des Geistes im Menschen zeigte der deutsche Idealismus. Nietzsche rief auf zur Entfaltung des „Übermenschen". Der Existentialismus zeigte Wege zur Schicksalsüberwindung des ins Leben geworfenen Menschen. Viktor Franckl erwies die sinnspendende „Selbst-

Transzendenz" menschlicher Existenz, die auch in Leid und Qual sinnvolle Wege zu Freundlichkeit und Hilfe findet. Immer neue Wege sinnhafter Einstellung tun sich auf.

Solcher Aufruf zur persönlichen Einstellung ist stets wertvoll, sofern er quer zu bloßer Lebensdurchsetzung geistiges Verstehen und liebende Anteilnahme wachruft. Nur insoweit ist er wertvoll, als er solch geistige Liebe weckt. Die triebhaften Lebens- und Durchsetzungsmotive sind freilich nicht zu überwinden. Sie sind nicht niederzuringen. Nicht der Kampf gegen das „Böse" ist anzustrengen. Er führt zu nichts. Die Triebe sind nicht das Böse im Menschen. Die Weckung der Liebeskräfte ist anzustreben. Die Vermählung der Durchsetzungstriebe mit Kräften verstehender Liebe ist der Weg sinnvoller Vergeistigung des Menschen.

Geistige Einstellung des Menschen kann nicht gelehrt werden. Sie kann nicht durch Verkündigung in vielen Menschen zugleich geweckt werden. Sittlichkeit ist ganz persönlich. Nur der einzelne Mensch kann sie gewinnen. Sie kann durch Anweisung, durch beispielhaft vorgehaltene Bilder und Gedanken nicht begründet und nicht vermittelt werden. Gewöhnung stiftet sie nicht. Geistige Einstellung kann nur *im Einzelnen und von innen heraus* erwachen. Persönlich ansprechbare Vorbilder können anregen und wachrufen. Aber der Einzelne muss sie in sich selbst als innere, tragende Werte vorfinden.

Geistige Einstellung kann nicht als Ganzes wirksam werden. Sie kann nur im *konkreten, praktischen Tun* erfahren werden und wirksam sein. Nur im Kleinen und Alltäglichen ist sie lebendig. Nur in dem Maße, wie der Einzelne sich in konkreter Begegnung von der Innerlichkeit des Wirklichen angesprochen fühlt und wie er sich im gegenwärtigen Bezug aufgerufen sieht, selbst innerlich verstehend teilzunehmen, festigt sich in ihm die geistige Einstellung. Die reale Begegnung mit andern Menschen ermöglicht, aus solcher Erfahrung im Geistigen zu stehen. Das kleinste Lächeln des begegnenden Menschen kann solche Haltung wecken. Ein Lichtfleck, eine Farbe, ein Stein am Wegesrand, eine blühende Pflanze, ein Schneckenhaus vermögen solche Geistigkeit konkret aufzurufen. Künstlerisches Erleben und Gestalten öffnen im einzelnen Akt solchen Durchbruch. Die einzelnen akuten Begegnungen aber können das Geistige als Einstellung und Lebenshaltung im Ganzen auflichten.

In solch einzeln und unmittelbar erlebtem Akt erwacht zugleich jene *Heiterkeit*, die den Menschen dann umfängt, wenn er selbstvergessen im Erleben und Gestalten ruht. Er ist dann ganz Hören, von innen her Schauen, Wahrnehmen und Teilhaben und Mittun. Aus dem Schweigen innerer Eigenbedürftigkeit öffnet sich solch persönliches Anteilnehmen und Eingegossensein in wahrgenommene, tragende Wirklichkeit. Das Gefühl, im Erlebten selbst miteingeborgen zu sein, ein Bewusstsein verbindender Einheit lichtet die eigene Heiterkeit auf. Aus ihr nährt sich die überdachende und das eigene Leben läuternde geistige Einstellung. Das ist die Aktualgenese der geistigen Liebe. Sie gilt dem begegnenden Menschen wie aller von innen her begegnenden Wirklichkeit. Sie hat tragende Bedeutung für alle menschliche Gemeinschaft und für allen Weltbezug. In ihr ist der Sinn menschlichen Lebens erfüllt.

Menschenbildung ist die Ermutigung des Menschen zum geistigen Sinn seines Lebens. Der geistige Sinn des menschlichen Lebens hat seine Bedeutung in der geistigen Entfaltung des Einzelnen und zugleich in der Befriedung des Menschen im weiten Umkreis. In der Menschenbildung liegt die Hoffnung auf künftige Verträglichkeit und Förderung der Menschen untereinander und die Möglichkeit der Wahrung und Erhaltung umfassender Wirklichkeit. In allen Bildungsbemühungen, in den Familien, in den Schulen aller Stufen und Formen, in der Arbeits- und Lebensgesellschaft im Ganzen ist solche Menschenbildung als das wichtigste und grundlegende Ziel anzustreben. Menschenbildung kann nicht obrigkeitlich dekretiert werden. Einzelne Menschen, Eltern, Kinder, Schüler, Lehrer, geistig Interessierte und Bildungsbeamte müssen aus freier Bereitschaft dafür gewonnen werden. Sie sind Pioniere einer sinnvollen Bildung von morgen. Menschenbildung ruht im Individuellen und im kleinen, unscheinbaren geistigen Akt. Aber sie ist die große Hoffnung des Menschen.

Anhang

Über den Autor

Prof. Dr. Marcel Müller- Wieland

geboren 1922 in Bukarest. 1940 bis 1949 Studium der Philosophie, Pädagogik, Psychologie, der Soziologie und Sozialökonomie in Zürich. Später Studium der Genetik und Neurophysiologie.

Während acht Jahren Leiter des Schaffhauser Lehrerseminars und anschließend Direktor der Thurgauischen Lehrerbildungsstätte in Kreuzlingen. 1964 bis 1987 Pädagoge in der Lehrerbildung und Lehrerfortbildung des Kantons Zürich. Gelegentliche Lehraufträge an der Universität Zürich. Initiator und von 1977 bis 1991 Leiter der Freien Pädagogischen Akademie in der Schweiz, die eine Erneuerung der Bildungsbemühungen in Familie, Schule und Gesellschaft anstrebte. Ausgedehnte Forschungen und praktische Hilfeleistungen an Lehrer, Lehrerinnen und Eltern, an Kinder und Jugendliche aller Altersstufen zur individualisierenden Vertiefung ihrer erzieherischen Kräfte und Entfaltungsmöglichkeiten.

Bildnachweis - Das Bild von Dr. Marcel Müller-Wieland stammt aus dem Film:　　　　　Die Freiheit des Menschen, von Hans Peter Scheier

Bücher von Prof. Dr. Marcel Müller-Wieland

Untersuchungen über das Vorbild
Ein Beitrag zur Frage nach der allgemeinen Verantwortlichkeit für das
Vorbild-Erleben der reiferen Jugend.
Bern: A. Francke AG, 1949
242 Seiten

Syngeneia
Sinn und Wege persönlicher Emporbildung.
A. Francke AG, Bern und München: 1961
239 S.

Wandlung der Schule
Individualisierung und Gemeinschaftsbildung, Schaffhausen:
Novalis Verlag AG, Edition Pestalozzi,   1976
290 S.

Der innere Weg
Mut zur Erziehung.
Verlag Pro Juventute, Zürich: 1982, 2. ergänzte Auflage 1989
180 S.

Geist und Tiefenbezug der Sprache
Grundlagen einer individualisierenden, gemeinschaftsbildenden
Sprachlehre.
Verlag Georg Olms, Hildesheim, Zürich, New York: 1989
197 S.

Sehende Liebe
Ästhetische Bildung des Menschen. Broschiert mit 28 Bildtafeln und
zahlreichen Illustrationen.
Verlag Georg Olms, Hildesheim, Zürich, New York: 1993
237 S.

Gewalt und seelische Verschüttung
Erzieherische Grundfragen der Friedensfähigkeit.
Verlag Georg Olms, Hildesheim, Zürich, New York: 1995
293 S.

Ethik heute
Wege sittlicher Bildung.
Verlag Georg Olms, Hildesheim, Zürich, New York: 2001
387 S.

Von der Innerlichkeit des Wirklichen
Philosophie der geistigen Zuwendung und Bildung.
Verlag Georg Olms, Hildesheim, Zürich, New York: 2007
242 S.

Begegnungen und Erfahrungen
Aus meinem Leben. Wirkkräfte der Liebe.
Books on Demand, Norderstedt,   2010

Lukas und Sina
Ein Kinderbuch für Eltern.
Mit Zeichnungen und Radierungen des Autors.
Books on Demand, Norderstedt,   2010
155 S.

Tagebilder aus meinem Leben
Gemälde, Zeichnungen, Radierungen.
Books on Demand, Norderstedt,   2011
124 S.

Einige der älteren Bucher sind nicht mehr bei den angestammten
Verlagen zu beziehen, allerdings werden sie von vielen Händlern
zum Teil recht günstig im Internet angeboten.

Textbeiträge zu Periodika und Büchern

Die Darstellung der altsprachlichen Methodik Pestalozzis durch Meyer Marx
I. Meyer Marx und Pestalozzis Methode zur Erlernung der alten Sprachen
II. Die Anwendung der Pestalozzischen Methode zur Erlernung der alten Sprachen
III. Briefe von Meyer Marx an Prof. Holzmann
(Erstpublikation aus dem Holzmann-Nachlass).
In: Die Sammlung. Zeitschrift für Kultur und Erziehung.
Vandenhoek und Ruprecht, 1959 und 1960

Pädagogische Probleme zur Erfassung und Betreuung des entwicklungsgehemmten Kindes
In: Schweizerische Lehrerzeitung, Nr. 13 und 14, 1960

Menschenbild und Menschenbildung im Geiste Friedrich Fröbels
In: Vom Geist abendländischer Erziehung.
Hrsg. Pestalozzianum Zürich. Zürich: Morgarten Verlag, 1961

Heinrich Pestalozzi und Österreich
In: Pestalozzis Beziehungen zu Österreich und Russland.
Hrsg. Pestalozzianum Zürich. Zürich : Morgarten Verlag, 1962

Rhythmus im Dienste der allgemeinen Bildung
In: Die Körpererziehung, Nrn. 9 und 10, 1963

Menschenbild und Menschenbildung
Texte abendländischer Denker.
Hrsg. M. Müller-Wieland. Zürich: Morgarten Verlag 1964, 287 S.

Schulreform aus dem Geiste Pestalozzis
Individualisierender Unterricht.
Schriften der Freien Pädagogischen Akademie, Hedingen bei Zürich , 1967

Lehrerbildung
Ein Weg zur Wandlung der Schule.
In: Die Orientierung, Nr. 63.3, 1976

Menschenbild und Menschenbildung. Auftrag unserer Schule
In: Bildung für morgen.
Evangelische Akademie Baden. Bad Herrenalb, 1/1977

Eine Freie Pädagogische Akademie
Rechenschaft und Ausblick. Schriften der Freien Pädagogischen
Akademie. Hedingen, 1977
Heft 3

**Der persönliche Stimmungsgrund des Kindes und
seine Bedeutung für die schulische Leistung.**
In: Schülerprobleme heute.
Sonderausgabe der Schweizerischen Lehrerzeitung, 1978

Vom Bildungssinn unserer Schule
In: Wege zur Humanisierung der Schule.
Schaffhausen: Novalis Verlag AG., 1979

Schule von morgen.
Der innere Weg. Erziehen anders.
Die ästhetische Grundhaltung im Unterricht.
In: Leistung und Lernfreude. Schule der Zukunft. Ein internationales
Gespräch.
Zürich: Verlag Pro Juventute 1983, 178 S.

Vorbilder im Geschichtsunterricht
In: Schule + Bildung.
Basler Zeitung . Nr. 23/27.1.1984

Wege zur Menschenbildung
In: Zum Menschen erziehen. Pestalozzi, Steiner, Buber.
Frankfurt a.M.: Diesterweg, 1985

**Neuformulierung des Erziehungsauftrags
in Hinsicht auf Familie, Schule und Selbstverwirklichung.**
In: Erziehung zwischen Anspruch und Wirklichkeit.
Oettingen: Verlag Meiners, 1985

Von der Heiterkeit
In: Der Mensch und seine Gefühle. Wissenschaft und Philosophie.
Interdisziplinäre Studien der Universität München.
Erzabtei St. Ottilien, EOS Verlag, 1985

Das fruchtbare Chaos im Bildungsprozess
In: Ordnung und Unordnung. Ein Buch für Hartmut von Hentig.
Weinheim Beltz, 1985

Aggression im Kindesalter
In: Erwachsenenbildung, Schaan, 1989

Pädagogisches Verstehen
Mit Beispielen aus dem Bereich dramatischer Übungen.
In: Brigitte Mösch: In Gelassenheit lernen.
Dortmund: Borgmann Media, 2005

Dokumentarfilme von Hanspeter Scheier über pädagogische Projekte und zur „individualisierenden Pädagogik" von Marcel Müller-Wieland

Schule von morgen – Ein Schritt auf dem Weg

(16 mm, s/w, 50 Minuten, Lichtton, 1973)

Ein Film mit *Marcel Müller-Wieland* und *Hans Philipp* und seiner 5. Primarklasse aus Wetzikon.

Ein einwöchiges Theaterprojekt in einer Schulverlegung: «Der kleine Prinz» von Antoine de Saint Exupéry.

Wandlung der Schule – Wege zur inneren Erneuerung

(16 mm, s/w, 62 Minuten, Magnetton, 1977)

Ein Film mit *Marcel Müller-Wieland* und Volkschullehrer/-innen aus Uitikon und Urdorf bei Zürich sowie *Hans Philipp* mit einer Klasse aus Wetzikon.

Sprachliche Arbeiten mit verschiedenen Klassen während eines Fortbildungsprojekts für Lehrkräfte. Zum Beispiel ein einwöchiges Puppenspielprojekt in einer Schulverlegung («Das singende springende Löweneckerchen», Gebrüder Grimm). Gespräche im Rahmen der Lehrerfortbildung.

Von der sehenden Liebe – Skizze einer pädagogischen Haltung

(16 mm, s/w, 54 Minuten, Magnetton, 1979)

Ein Film mit *Marcel Müller-Wieland* und Volkschullehrer/-innen aus Uitikon und Urdorf bei Zürich.

Weitere Arbeiten im Fach Sprache mit verschiedenen Primar-Klassen und Gespräche mit Lehrkräften.

Die Freiheit des Menschen

DVD-Edition, Syngeneia Filme 2010 Dokumentarfilm von Hans Peter Scheier:
Marcel Müller-Wieland im Gespräch mit Ruth Peyer.
(Hauptfilm 93`, Bonusmaterial 150`)
Im Gespräch mit Dr. Ruth Peyer erinnert sich Marcel Müller-Wieland an Kinder, Eltern und Lehrende, denen er in seinem pädagogischen Wirken begegnete und helfen konnte. Aus dem Inhalt: Probleme der Schulselektion. Freiheit des Menschen. Individualisierung , Gemeinschaftsbildung. Freude am Denken und Forschen. Intuition. Ästhetisches Erleben und Gestalten. Erziehung. Autorität. Innere und äußere Strenge. Vorbild. Sittlichkeit. Würde des Menschen. Das Geheimnis der Wirklichkeit.

Im Bonus-Material zusätzliche Aussagen über wichtige Bildungsthemen und Dokumentationen über konkrete Klassenprojekte.

Bestellung der Dokumentarfilme:
Hans Peter Scheier
Lahnhalde 25 - CH-8200 Schaffhausen
Tel. +41 52 624 33 57   Mail: h.p.scheier@bluewin.ch

Im BoD sind von Dr. Marcel Müller-Wieland bisher folgende Bücher erschienen:

Begegnungen und Erfahrungen aus meinem Leben

MARCEL MÜLLER-WIELAND
BEGEGNUNGEN UND
ERFAHRUNGEN
Aus meinem Leben
Weisen geistiger Liebe

ISBN 978 3 839 1850 01

Dieses Buch wurzelt in Erfahrungen und Erinnerungen des Autors. Er erinnert an einzelne Menschen, an Gestalten der Literatur und der Philosophie-Geschichte, an Orte gemeinsamer Tätigkeit, da Weisen geläuterter Liebe erlebbar und wirksam waren. Geistige Liebe ist jenseits aller vitalen Liebe. Sie ist das Geistige selbst im Menschen. Alle vitale Liebe und Durchsetzungsbedürftigkeit bedarf noch einer innigen Vermählung mit solch geistiger Liebeskraft, um dem menschlichen Leben Sinn und gemeinschaftliche Bedeutung zu verleihen.

Lukas und Sina

**Keine ISB-Nr.,
nur über den BoD zu beziehen**

Dies ist ein Buch für Kinder von 9 bis 12 Jahren und auch für Ihre Eltern. Es ist keine Zauber- oder Heldengeschichte. Es ist die Erzählung eines inneren Heldentums. Kinder helfen, die Vision einer neuen, freieren Schule, einer Schule, die von jedem einzelnen Kind ausgeht, zu verwirklichen. Dabei haben die Kinder so manches Abenteuer zu bestehen. Aber die neue Schule, die allen Kindern und der Gemeinschaftskraft der Menschen dienen soll, kommt zustande. Eine solche Schule gibt es noch nicht. Es ist die *Schule von morgen.*

Tagebilder - Ästhetische Lichter in meinem Leben

Die darstellende Formung, der gestaltende Akt, ist Ertrag liebender Anteilnahme und wiederholter, immer neuer, spontaner Übung. Meine Bilder sind rasch und unmittelbar entworfene Gestaltungen. Die Hand folgt nicht gewollter und mit Absicht vollzogener Führung. Sie sucht nicht die Vollendung. Ihr Strich, ihr Pinsel- oder Spachtelzug fließen unmittelbar an den im Augenblick erlebten Kräften entlang. Die lebendige Linie des Stammes und des Geästs folgen dem inneren Impuls, der im Erleben aufklingt. Traumhaft vollzieht die Hand, was ihr das Erlebte soeben schenkt.

Keine ISBN-Nr., nur über den BoD zu beziehen.